像劉邦一樣活著

Most Interesting History about Liu Bang

海東青 著

臉皮比長城還厚，
心地比木炭還黑；
他是橫行鄉里的地痞無賴，
也是揭竿起義的亂世豪雄……

他生性潑皮，不學無術，最後卻跌破眾人眼鏡，
靠著一群雜牌軍，打敗強悍勇猛的項羽。
他是中國第一個平民皇帝，也是評價最低的開國帝王。

但是，一代史學大師湯恩比卻推崇他說：
「人類史上最有遠見、對後世影響最大的兩位政治人物，
一位是開創羅馬帝國的凱撒大帝，
另一位便是創建大漢文明的漢高祖劉邦。」
劉邦的輝煌功績足以與李世民媲美，
政治謀略足以與張良、蕭何比肩，
狡詐凶狠足以和
曹操稱兄道弟。
這個無賴又機智的街頭混混，究竟靠什麼登上皇帝寶座？

出版序

像劉邦一樣活著，像劉邦一樣戰鬥！

透過本書，你將看到一個生性狡詐，擅長權謀霸術，雄才大略而又活生生的歷史梟雄。你可以不喜歡他，但一定要學習他的智慧，像他一樣活著，像他一樣戰鬥！

他是橫空出世的怪胎，臉皮比長城還厚，心地比木炭還黑；他是橫行鄉里的地痞無賴，也是揭竿起義的亂世豪雄！

他的輝煌功績足以與李世民媲美，政治謀略足以與張良、蕭何比肩，狡詐凶狠足以和曹操稱兄道弟！

他生性潑皮，不學無術，最後卻跌破眾人眼鏡，靠著一群雜牌軍，打敗強悍勇猛的項羽。他是中國第一個平民皇帝，也是評價最低的開國帝王。

是的，幾乎全世界的華人都知道，這哥們就是以無賴著稱的漢朝開國皇帝劉邦！

儘管劉邦從詭譎多變的秦末亂世脫穎而出，打敗項羽登上皇帝寶座，但是或許受到《史記》以降的史書影響，或許是劉邦對讀書人一向很不禮貌，世人——尤其是生性高傲的知識份子，對他的評價卻相當低。譬如，竹林七賢之一的阮籍就對劉邦很不屑，鄙夷地說：「世無英雄，遂使豎子成名！」

什麼是「豎子」？「豎子」是源遠流長的罵人名詞，從春秋戰國時代就有這個詞，現代的發音叫「俗啊」，意思就是癟三、孬種、沒什麼本事的貨色，可見劉邦在一般人心目中的地位不是一般低，而是很低很低。

被中國人奉爲一代偉人的毛澤東有事沒事就喜歡評點開國帝王，雖然他和劉邦有過類似遭遇，被對手一路窮追猛打，但這哥們推崇的是秦始皇、漢武帝、唐太宗、宋太祖和成吉思汗之類的曠世英雄，至於劉邦，在他眼中只是個沒Guts兼沒Class的大老粗。在某次談話中，毛澤東曾說「老粗出人物」，言下之意便是：像劉邦這樣沒有文化水平的老粗，怎能和他相提並論？

有趣的是，外國史學家對劉邦的評價完全不一樣。

湯恩比是一代史學大師，發表過很多影響世界的評論，不少學者把他的話奉爲經典。他在訪日談話錄中就曾經說：「人類史上最有遠見、對後世影響最大的兩位政治人物，一位是開創羅馬帝國的凱撒大帝，另一位便是創建大漢文明的漢高祖劉邦。」

不會吧？劉邦這個大家都瞧不起的無賴帝王，在史學大師眼中竟然是人類史上最有遠見、對後世影響最大的政治人物？還和凱撒大帝同個等級！

劉邦身上一定有著被世人忽略的某些特質。

劉邦這個無賴又狡詐的街頭混混，究竟靠什麼登上皇帝寶座？

民國初年，四川奇人李宗吾寫了一系列《厚黑學》，書中說曹操「黑而不厚」，劉備「厚而不黑」，所以誰也奈何不了誰；至於劉邦則是「厚黑」的經典人物，臉皮最厚，心子最黑，所以最後幹掉項羽……

有人讀了這些書，便誤以認爲「臉厚心黑」是獲得成功最簡單而有效的絕招，開口閉口就是「厚黑」。其實，這絕對是嚴重的誤解。仔細想想，在那個「東風吹，戰鼓擂，誰也不怕誰」的群雄爭霸時代，比劉邦「心黑」的人少嗎？比劉邦「臉厚」的人少嗎？比劉邦「既厚且黑」的人少嗎？

這些人爲什麼最後都敗在劉邦手下，劉邦能夠從風起雲湧、詭譎多變的時代裡脫穎而出，箇中緣由難道不值得深思？

馬基維利是義大利文藝復興時期最著名政論家，也是西方權謀霸術的宗師級人物，他在經典名著《君王論》中說：一位出色的君王，必須擁有獅子般的兇猛和狐狸般的狡詐，但如果兩者不可得兼，則寧可擁有狐狸的狡詐……

如果說項羽是凶猛的獅子，那麼一向鬥智不鬥力的劉邦，就是狡詐的狐狸了。

劉邦，一個橫行鄉里的市井無賴，居然在風雲際會的歷史舞台上，得天獨厚地開國稱孤，運氣實在好得讓人既妒忌又生氣。

喜歡從運氣角度看事情的人，都習慣直接忽略別人的努力，殊不知，老天並未厚愛或偏袒哪個人。劉邦只是個七情六慾熾烈的血肉凡人，在千折百轉的人生道路上，同樣遭遇過無數次災厄、凶險、磨難，最後才攀上權力的巔峰。

幾乎很少人冷靜地探討劉邦之所以成功，除了機運之外，還有其他相當重要的因素，諸如智慧、鬥志、決斷力、領袖魅力、權謀霸術，甚至是現代最流行的ＥＱ……等等。這些都是同時期的逐鹿英雄難以兼具的，可以這麼說，徒有「匹夫之勇，婦人之仁」的項羽輸得一點都不冤枉。

正是因爲劉邦擁有識人眼光和用人策略，因而收編了一群優秀將領和一流幕僚；正是因爲劉邦擁有非凡的領導能力，才能率領發屬下屢敗屢戰；正因爲劉邦鬥智而不鬥力，懂得揚長避短，所以能絕地逢生。

這是一部有趣的歷史書，講述劉邦如何從市井無賴，憑藉自己的權謀、機智和奮鬥，在秦朝末年的亂世中冒出頭，一步步地擴張勢力，最終擊敗項羽，開創大漢王朝。

透過本書，你將看到一個生性狡詐，擅長權謀霸術，雄才大略而又活生生的歷史梟雄。你可以不喜歡他，但是一定要學習他的智慧，像他一樣活著，像他一樣戰鬥！

目錄

目錄

目錄

目錄

第1章

龍種傳說

好像只要出生奇特點的，都會有不凡的成就。漢高祖劉邦，當然也要有一些可以唬弄人的傳說，否則他怎麼能在短短幾年間，從一個街頭無賴，搖身一變成為皇帝？

在動物世界裡，狐狸是弱者，遇到凶猛的老虎，要想從虎口逃生，沒有非常的智慧是不行的。人類社會也是如此，處在亂世中，拳頭大的人就是老大，憑武力就能稱雄一時。弱者要發展，沒有狐狸般的智慧，萬萬不行。

劉邦自小遊手好閒，不務農穡，而且無錢無勢，是個不折不扣的弱者。但是，他像寓言故事中「狐假虎威」的狐狸一樣狡猾，利用智慧，把無據可查的神話玩得像真的一樣，不僅將小老百姓們唬得一愣一愣，也把自己推上權力的頂峰。

在古代，只要是與神沾上邊，老百姓就崇拜得不得了。若能懂得把平凡的事編成神話，老百姓更要頂禮膜拜。例如秦末陳勝、吳廣裝神弄鬼，揭竿而起，以及清末的洪秀全借上帝之名聚眾造反，都證明了神話對一般老百姓的影響力有多大。狐狸般的劉邦自然明白這個道理。

說到劉邦的「龍種」，得先說說他的父母。

司馬遷的《史記》稱劉邦的父親為「太公」、劉邦的母親為「劉媼」。

其實，「太公」不過是秦時農村中稱呼人的一種方式，年齡小的人見到他，叫他一聲「太公」；年齡略輕的人叫他一聲「大伯」、「大叔」；年齡相當的人就叫他一聲「大哥」、「兄弟」等。至於「劉媼」，也不過是「劉大奶」、「劉大娘」、「劉大嬸」、「劉大嫂」一類的稱呼。

司馬遷在編撰《史記．高祖本紀》的時候，可能不知道他們叫啥名字，之所以取「太公」、「劉媼」的稱謂，可能只是爲了表示尊重，也是爲了便於講敘與他們有關的故事，因爲總不能說到他們時，左一句「劉邦他爹」，右一句「劉邦他媽」吧！要是這樣大不敬，恐怕漢武帝割完司馬遷的小弟，接著就割他腦袋了。

《史記．高祖本紀》說，有一天，劉媼在湖旁邊歇息，大概是勞累過度，不知不覺就睡著了，結果做了一個奇怪的夢，夢見她與神人交媾。

當時雷閃雷鳴，太公心裡奇怪，都快下雨了，這婆娘怎麼還不回家收衣服？急忙跑過去看，只見一條蛟龍伏在妻子身上。不久，劉媼懷孕，生下來的孩子就是劉邦。

這自然是神奇的徵兆，按照這種說法，劉邦當然是龍種無疑。

對此，有人深信，有人對此表示懷疑。

懷疑這類事、又有想像力的人，甚至演繹出以下的故事：劉媼是因爲在湖畔與過路人勾搭成姦，或者睡夢中被人強暴，才會懷孕生下劉邦。那個年代不流行驗DNA，因而劉邦的父親是誰，就變成千古之謎。

這樣的推測雖然頗合情理，但是言而無據。俗話說：「捉賊捉贓，拿姦拿雙。」還好劉邦已經死去兩千多年，否則他可是會上法院按鈴申告，要求精神賠償的！

劉媼做這樣的奇夢，太公見到這樣的奇景，現場並沒有其他目擊證人，誰知道是不是真的，他們愛怎麼說就怎麼說。

如果是劉邦當了皇帝之後，太公、劉媼才說這樣的話，那判他們一個攀龍附鳳，信口雌黃的罪名，大概沒有什麼問題。可是劉媼死得早，沒有等到兒子發跡就駕鶴西歸了，所以這神話恐怕也不是夫妻倆蓄意編造。

但不論如何，劉太公看見蛟龍一事，實在很難讓人相信，因爲自然界中本來就沒有「龍」這種動物。

中國人歷來篤信神奇的徵兆，尤其是那些大人物，幾乎個個都大有來頭，請看古書上的記載：老子騎著一頭白鹿來到他媽的肚子裡；蕭何他媽「感昴星之精」而生他；大詩人李白他媽夢見「長庚星」飛進懷裡；光武帝劉秀出生的時候，紅光滿屋，那年縣中長出嘉禾，一莖九穗，所以取名叫劉秀；朱元璋他媽懷他時，夢中有人送給她一顆藥丸，放在堂中放光，吃進肚裡留香……

由此可見，好像只要出生奇特點的，都會有不凡的成就。

漢高祖劉邦，當然也要有一些可以唬弄人的傳說，否則他怎麼能在短短幾年間，從一個街頭無賴，搖身一變成爲皇帝？

吹牛、扯皮是中國古代的文化傳統之一。這類神話雖然難脫杜撰之嫌，也許還是毫無背景的劉邦爲自己造勢，刻意讓人編造的，但不論真假，他因此對自己有了信心，大眾也因此對他有了信心。

第 2 章

救你命，也要他命

真是陣怪風，早不吹，晚不吹，偏偏在項羽圍住劉邦的時候吹。更巧合的是，還從西北方向刮來，刮散了楚兵的重圍。看到這一幕，項羽心裡一定在咒罵：天啊，您怎麼可以這樣公然作弊呢？

關於劉邦的種種神話傳說，雖然明顯有杜撰之嫌，但是說的人多了，眾人也就當真了。不僅秦始皇相信，一代謀臣范增也因此力勸項羽，早殺劉邦。

據《史記》記載，秦始皇一生五次巡遊天下，只有一次向西，其他四次都向東南，其中有一個重要原因，就是因爲他相信「東南有天子氣」，想去把那個可能是天子的傢伙揪出來殺掉。

劉邦的這些奇特徵兆，後來也引起了他的主要敵人項羽的高級參謀范增高度注意。那時，劉邦先入關中，想要稱王自立。項羽知道此事，下令攻打。范增趁機火上加油說：「劉邦在老家的時候，貪財好色，現在進入關中，卻跟人民約法三章，不貪財，不好色，看來野心不小。我曾經多次叫人觀望他的神氣，都是龍虎之形，五彩繽紛，這是天子之氣。請立即消滅劉邦，不要錯過良機！」

范增如此說，是想借助封建迷信了力量，加強項羽消滅強敵的決心。可惜，項羽沒有聽從，使得劉邦平安從鴻門宴上逃走，范增氣得臉都綠了。

且說劉邦去漢中後，首先火燒棧道，藉此麻痺項羽，之後又拜將韓信爲將，平定三秦。兵出關東，輕取彭城。他以爲自己已經有實力了，便不聽張良、韓信的苦勸，爲義帝發喪，糾集天下諸侯之兵，達五十六萬之眾。雖然輕鬆地佔領了項羽的首都彭城，但是劉邦這支大軍其實只是烏合之眾，臨時充當元帥的魏豹，又是一個言過其實的人。劉邦本人還又「日置酒高會」，不做防範項羽進攻的準備。

項羽聽說彭城失守，連忙從齊國率領三萬精兵來救，輕易地就打敗五十六萬大軍，殺死「十餘萬人」。漢軍敗走，楚軍追到靈壁（安徽東北部）以東的睢水邊上，「大破漢軍，多殺士卒，睢水爲之不流」，幾十萬人被趕入睢水，活活溺死。

項羽隨即派兵「圍漢王三匝」，真是裡三層外三層。劉邦百般廝殺，仍然衝不破楚軍的包圍，眼看就要小命不保，碰巧此時，奇蹟出現！

司馬光《資治通鑑》說：「會大風從西北起，折木，發屋，揚沙石，窈冥晝晦，逢迎楚軍，大亂壞散，而漢王乃得數十騎遁去。」

這真是陣怪風，早不吹，晚不吹，偏偏在項羽圍住劉邦的時候吹。更巧合的是，還從西北方向刮來，刮散了楚兵的重圍，讓劉邦得以逃出。

看到這一幕，項羽心裡一定在咒罵：天啊！您怎麼可以這樣公然作弊呢？

劉邦脫圍而去，我們只能違心地說：天意。

中國西北一帶，春夏之交，經常出現類似的自然現象，現代人稱爲「沙塵暴」，大風刮起時，黑氣瀰漫，土味嗆人，咫尺之間不見光亮，睜不開眼、吸不了氣、開不了口。劉邦和項羽是不是也遇到了沙塵暴？不得而知，姑且這樣猜測。

這場暴風刮得正是時候，救了劉邦一命，也使得更多的人相信，劉邦這哥們有神的護佑，真命天子，紛紛前來依附，漢軍聲勢日益壯大。

對這些傳說，後人多有評論。

明代文人李贄在《史綱評要．卷四．後秦紀》裡這麼說：「呂后望氣，老嫗哭蛇，英雄欺人耳！」

今人葛劍雄則在《泱泱漢風》說：「就拿劉邦來說，漢朝的史官記載很多他得天命的徵兆和事蹟，實際上都經不起深究。說他左腿上有七十二顆黑痣，那就更玄了，因爲當時不興在公共場所穿三角褲或裸體，除了他的父母妻妾，誰能看到這些痣，並數一下究竟有幾點？」

真可算是妙語。

神風救了劉邦，但最終神也要了劉邦的命。對於自己的神奇傳說，最開始的時候，劉邦可能只是一笑置之，心中有數。可到了後來，他不但信以爲真，甚至對此入了迷，以至於相信神會護佑自己，諱疾忌醫，最終送了小命。

劉邦當上皇帝後，爲了消滅異姓王，幾乎年年征戰。五十三歲那一年，征討英布時被冷箭射傷，回家途中病情加重，《史記》說「病甚」。

古漢語中，「疾」和「病」的區別較爲明顯：「疾」指小病，「病」指重病。「病甚」就是重病、病危之意。

《史記．高祖本紀》記載：呂后找來一名醫生替劉邦看病。劉邦問醫生病情，醫生說：「皇上的病不難治，只要精心料理，按時服藥，不久就會好轉。」

誰知，劉邦罵開了：「我本來是一個布衣百姓，手提三尺寶劍，斬蛇起義，如今奪取天下，這難道不是天命？我的性命在天，就算扁鵲在世，又有什麼用？」

這哥們迷信天命，竟到了有病不治、有藥不吃，一切全聽憑上天安排的程度，也算虔誠到家了。

一系列神話自然不是科學可信的說法，只不過反映出古人的神神道道。對於鼓舞劉邦的鬥志、樹立他的信心，它們無疑發揮了極大的作用。然而，劉邦也正因爲過度迷信，貽誤病情，以致送了小命，真是可笑可歎！

第3章

吃白食的兄弟

大嫂敲鍋打灶，弄得滿屋子震天響。劉邦的朋友們聽到聲音，都說可惜來晚了，相繼離去。劉邦獨自到廚房一看，鍋裡的飯根本尚未煮熟，正冒著騰騰熱氣。

獅子、老虎因爲生性兇猛，而被稱爲百獸之王，眾獸避之不及。狐狸呢?普通百姓一個，但善於僞裝，大事不糊塗，小事無所謂，眾獸對牠總有一種親近感，不太有防範之心。這，就是狐狸成功狩獵的秘訣所在。

劉邦這隻狡狐，不像項羽這頭猛獅，殘忍得能讓人聞到殺氣，也不像某些儒士一樣，滿口仁義道德，散發出一股酸味。

劉邦就是劉邦，嘻笑怒罵，凡事真真假假，假假真真……

在老家的時候，劉邦的酒肉朋友不少，知心的哥們也不少。他經常去吃人家的，少不得也會帶些人到家裡吃吃喝喝。

劉老大、劉老二不好說什麼，畢竟這是他們的親弟弟，可是嫂子們難免心生不滿，總要在背後說些什麼「出力養懶漢」、「坐吃山空」之類的閒話。

劉太公是個心裡明白的人，大兒子、二兒子不便說，媳婦其實就是傳聲筒，怪只怪他這么兒不爭氣，索性分了家，要對劉邦進行「思想改造」。

然而劉邦「惡習」難改，劉太公的話，左耳進，右耳出，只當耳邊風，哪裡聽得進去，依舊我行我素。

劉邦脾氣不改，劉太公最後只得召開一場「家庭會議」。雖說是「家庭會議」，其實只不過是倆父子談談心而已。

劉太公說：「老三啊，你不能整天這樣無所事事，不務正業了，只要是人都知道，吃飯是人生第一件大事！」

劉邦說：「什麼是正業？你是說種莊稼的事嗎？」

「不種莊稼，哪裡有糧食？沒有糧食，你吃什麼？我這麼一大把年紀，還養得了你幾年？你看你二哥——」

不等劉太公說完，劉邦哈哈大笑道：「您老人家放心！不要看我現在這個樣子，總有一天我會讓你吃香喝辣，享盡榮華富貴！」

說完，他拍拍屁股轉身就走，氣得劉太公吹鬍子乾瞪眼。一場鄭重其事的家庭會議，就這樣不了了之了。

按理說，作爲人家的兒子，不管是不是接受批評教育，都應該好好參加家庭會議才是。可是劉邦不僅走了，還撂話說將來要讓老爹「吃香喝辣，坐享榮華富貴」，這無疑是在吹牛皮。

令人可笑又可恨的是，若干年後，在尊劉太公爲太上皇的莊嚴場合，他居然還沒忘那句可能讓他當時不好受的話。看看這傢伙是怎樣表演的：

劉邦雙手捧著玉杯，給太上皇劉太公敬酒，大笑說：「當年太上皇經常說我是個無賴，遊手好閒，不能發家置業，不如二哥。不知道我今天的產業比起二哥，如何啊？」

群臣高呼萬歲，一片歡聲笑語。

劉太公能有什麼反應？只得陪笑。

分了家之後，懶性不改的劉邦要如何生活呢？他自有辦法，不是到朋友家去混一頓，就是到哥哥家去打游擊。嫂子雖然不歡迎，但畢竟是丈夫的兄弟，也不好說什麼，只好聽之任之。

不久，劉邦長兄劉伯病故，嫂子要獨力養家活口，日子過得很辛苦。但劉邦視而不見，聽而不聞，依舊帶著朋友去吃白食。

一天，快到晌午時分，劉邦又約了幾個狐朋狗友到大嫂家吃飯。剛一進門，就被正在做飯的嫂子看見。

對於一個寡婦來說，養家餬口已經艱難之至。可這小叔子一人來了不算，還帶來了一群，這可是一群「飯桶」啊！

大嫂越想越心酸，越想越氣憤，於是敲鍋打灶，弄得滿屋子震天響。

劉邦的朋友們聽到聲音，都說可惜來晚了，相繼離去。劉邦獨自到廚房一看，鍋裡的飯根本尚未煮熟，正冒著騰騰熱氣。他因此十分怨恨大嫂，長歎一聲，轉身離去。

劉邦的大嫂不會算命，大概也聽不進去那些關於劉邦的神奇傳說，她要是知道劉邦將來會當皇帝，也不致吝惜一頓殘羹冷炙，影響了兒子的仕途命運。

劉邦當了皇帝之後，大封諸王功臣，封劉老二劉仲爲代王、從兄劉賈爲荊王、少弟劉交爲楚王，封庶出長子劉肥爲齊王，只有長兄劉伯之子劉信未加封賞。

劉太公問起此事，劉邦回答說：「我怎會忘記呢？只是他母親當年做事太過分，我至今氣憤不過。」

直件事到次年十月，劉邦才封劉信爲羹頡侯。「羹頡」就是刮飯鍋響之意。

換個角度看，這也給人們上了一課：一頓粗茶便飯，何必斤斤計較。

不難看出，劉邦也是一個再普通不過的人，會爲小事記恨，還會找機會報復，不過發洩完了就沒事。想什麼就說什麼，想發怒就發怒，實在氣不過，還會幹上一架。大體來說，這種人還是挺可愛的。

第 4 章

賺來的老婆

呂公對劉邦說：「我向來喜歡給人看相，看過的人很多，但是沒有一個比得上你，希望你自珍自愛。我有一個女兒，想要給你當小妾，替你鋪床疊被，不知道你願不願意？」

狐狸因為天生漂亮，狗和狼都願意跟牠做朋友。劉邦因相貌奇特，小本經營的武姓婦人和王老太婆都甘願「折券棄責」，讓他白吃白喝。

去人家家裡吃飯，明明沒錢，居然敢號稱「賀錢一萬」，還被善於看面相的主人相中，招為女婿，賺到一個如花似玉的老婆，這買賣怎麼看怎麼值得！

分家之後，劉邦不知使用了什麼公關方法，當上了泗水亭長。

秦法規定：「十里一亭，設亭長，掌治安，宿旅客，理民事。」十里之地，人不多，地不廣，一個人幹這麼點事，恐怕還不如今天的一村之長。官很小，不過在當地還算是個人物。

《史記》說，劉邦「不事家人生產作業」，又說他性好酒色，經常到一個叫姓王的老太婆和一個姓武的婦人開的酒店裡賒酒喝。有一回，正當他喝得醉醺醺時，怪事出現，頭頂竟然浮現龍形！小酒店的老闆娘看見這一幕，自然大感驚奇。

劉邦經常賒酒，日積月累下來，想必是一筆可觀的數目，但這兩個小本經營的婦道人家，最後都主動「折券棄責」，撕了帳本，讓他白喝。

小酒館的兩位老闆娘，是否與劉邦有什麼桃色事件，後人不甚了了。

有人說他常借宿店中，與武姓婦女的關係十分曖昧，但是史書沒有詳細的記載，現在的我們也不好憑空附會。比較符合常理的推斷是這兩位婦人怕劉邦給她們穿小鞋，才會找這樣一個機會來巴結。

劉邦擊敗英布後，曾回老家省視父老鄉親，他沒有忘記這兩位婦人的恩情，各賜她們黃金千兩。

當了皇帝之後，還記得這樣的小事，看來他也不是一個忘恩負義的人。

官吏白吃白喝，在中國是根深柢固的一種傳統，像劉邦這樣的事情，應該是很常見的。奇就奇在，傳到最後，不是他以權謀私，而是他的頭頂「有龍形」，所以酒債被一筆勾消。這無疑是一種廣告行銷，是不是劉邦的創意，今天無法考證，但在當時所產生的影響，不管是對劉邦，還是對當地百姓，都十分巨大。這也是「龍種」說的另一有力證據。

單父人呂公爲了逃避仇家，遷徙到沛縣。因爲他是縣令的朋友，縣裡的大戶人家、官吏等都前來送上厚禮，拉拉關係、套套近乎，以期日後在縣令那裡分一杯羹。

劉邦當然也去捧場，可這位「龍的兒子」身上不帶一文錢，究竟是囊中羞澀，還是故意爲之，今日不得而知。

當時負責接待客人的，是在沛縣擔任主簿的蕭何，同時也是他的好朋友。

他見劉邦空手而來，想開個玩笑，於是宣佈了一條規定：凡是賀錢不足一千的人，一律只能在堂下就坐。

劉邦沒錢，可他不管這些，高聲對傳話的人說：「我出賀錢一萬！」這句「大話」先聲奪人，呂公聽了，趕忙出來迎接。一見劉邦氣宇軒昂，與眾不同，心裡非常喜歡，立刻請入上席就坐。

蕭何眼見玩笑開大了，急忙對呂公說：「劉季這傢伙說話，沒有幾句是真的，您不要相信他。」

呂公卻不甚在意，呵呵笑道：「沒關係，沒關係……」

喝完酒，白吃了一頓飯，按理說就可以拍拍屁股走人，劉邦卻被呂公挽留下來，聲稱有要事相求。

他把劉邦請進內室，並引見了妻子呂媼和女兒呂雉。

突然見到陌生男人，呂雉嫣然一笑，低頭離去，那模樣只能以「恰似水蓮花不勝涼風的嬌羞」來形容。劉邦本來就是個好色之徒，當場看得眼都直了。

蘭橋的《帝王春秋》中，曾對呂雉的模樣進行了一番描寫：「呂雉頭上髮髻如浮雲，眼似秋波美麗，面比桃花鮮嫩，一對酒窩兒更逼人喜愛。」

美人人見人愛，劉邦當然喜歡。

接下來，當著老婆呂媼的面，呂公對劉邦說：「我向來喜歡給人看相，看過的人很多，但是沒有一個比得上你，希望你自珍自愛。我有一個女兒，想要給你當小妾，替你鋪床疊被，不知道你願不願意？」

靠！世間竟有這麼好的事，不願意的一定是傻瓜。

劉邦當然求之不得，心中一千個一萬個願意，興奮得心差點跳出來。他哪裡知道，等他離去後，呂家立刻掀起一場家庭革命。

呂媼直罵呂公說：「你這個老糊塗蟲！你是腦袋被驢踢傻了？你不是一直說我們的女兒是個貴人？會嫁給大富大貴之人。縣令跟你的關係這樣好，多次爲他兒子求婚，你都不答應，怎麼現在主動把女兒許配給劉邦這個流氓？」

呂公不耐煩地回道：「婦道人家知道什麼？滾一邊去，少給我多嘴！」

不過，凡事都是有一好沒兩好。劉邦雖然憑吹大牛和他那副尊容白白撿了個老婆，但因爲端了縣令兒子的碗，免不了被縣令穿小鞋。當然，這是後話了。

第5章

天子面相

劉邦到底長什麼樣子？《史記．高祖本紀》有簡略的記載：高祖為人，隆準而龍顏，美鬚髯，左股有七十二黑子。在古人看來，這一副尊容，就是天生皇帝命。

狐狸體態輕盈，行動敏捷，毛色赭黃，綿綿茸茸，在獸類中，是無庸置疑的漂亮一族。劉邦也有著漂亮的外表，相面先生便曾說他的相格「貴不可言」。不論此話是真是假，一副好長相，的確在無形中增加了政治資本。

劉邦娶了呂公之女呂雉，精力旺盛，不出幾年就生下了一兒一女。

有一天，呂雉帶著兒子和女兒在田間勞動，一個過路老頭前來討東西吃，呂雉就把飯食送給他。這老頭是一位相面先生，也許是拿人手短，吃人嘴軟，順便給呂雉相了一次面，說：「夫人是天下貴人，將來要母儀天下。」

呂雉要「母儀天下」只有兩種可能，一是她老公劉邦當上皇帝，要不就只有改嫁。呂雉接著又請老頭給兒子劉盈看相。老頭說：「夫人之所以母儀天下，就是因爲這個男孩兒。」

劉盈在劉邦死後即位爲漢惠帝，呂后因此成爲太后，一度專權，威風八面。

老頭又給呂雉的女兒相面，說她也會大貴。此女日後爲魯元公主，嫁給趙王張敖。

相面老頭離開不久後，劉邦回來，呂雉詳詳細細地把事情說了一遍。劉邦大喜，忙問老頭的去向、走了多久。呂雉指出去向，說未走多久，劉邦拔腿就追，也想請人家給他相面。

追上後，老頭把劉邦端詳一番，說：「剛才我所相的夫人和兩個孩子，都很尊貴，而你的相格，更是貴不可言。」

劉邦深深拜謝，說：「果真如老人家所說，我一輩子不會忘記您的大恩大德。」

等到當上皇帝，劉邦派人去尋找這位老頭，卻已無處可尋。

這位相面先生是不是吃人嘴軟，故意拍馬屁，我們不得而知。但是古人相信面相，這倒是實實在在的。

劉邦到底長什麼樣子？《史記．高祖本紀》有簡略的記載：**高祖為人，隆準而龍顏，美鬚髯，左股有七十二黑子。**

「隆準」就是高鼻樑。古書說：「龍鼻豐隆準上齊，山根直聳若伏犀。鼻樑方正無偏曲，位至居尊九鼎時。鼻為中嶽，其形屬土，為一面之表，肺之靈苗也……隆高有梁者，主壽；若懸膽而截筒者，富貴……鼻如截筒，衣食豐隆……準頭而圓，得外衣食；準頭豐起，富貴無比……準頭圓肥，足食豐衣。」

從相書上看，光憑鼻子，劉邦就可以「得外衣食」、「富貴無比」、「足食豐衣」。看來鼻子幫了他很大的忙。

顏就是臉，龍顏是什麼樣子，不得而知，但該是十分威儀的相貌，不用懷疑。

古書說：「一取威儀，如虎下山，百獸自驚；如鷹開騰，狐兔自顫；不怒而威。一看敦重而精神，身如萬斛之舟，駕於巨浪之中，搖而不動，引而不來；坐臥起居，神氣清靈，久坐不昧，愈加精采，如日東升，刺人耳目，如秋月懸鏡，光輝皎潔……」

了不起！憑劉邦的尊容，他大概能「如虎下山，百獸自驚」了。

龍對中華民族而言，是極爲尊貴的。一個平平凡凡的人，一旦跟龍產生了聯繫，即有可能成爲真龍天子。劉邦雖然出身貧賤，但有一副龍顏，足夠他受用一輩子。

劉邦其人，真是一處貴，處處貴，何況他還有「美鬚髯」。

古書說：「髭鬚黑而清秀者，貴而富，滋潤者發福……黑而光澤，富貴無虧。」

在古人看來，這一副尊容，就是天生皇帝命。當然，附會的嫌疑是不難看出的。

沒辦法，古時候的人就吃這一套。春秋末代，趙簡子挑選接班人，就是因爲聽從相師姑布子卿的話，才確定無恤爲繼承人。無恤就是趙襄子，日後建立了趙國。

康熙爲什麼要把大位傳給雍正？不少野史信誓旦旦說，因爲他叫八字先生給乾隆算命，算出此子有皇帝命。雍正是乾隆他爹，兒子是皇帝命，老子自然要繼承大位。據說故宮博物院至今還保存著乾隆的八字。

面相，不是劉邦當上皇帝的必然因素，但對他和旁人的心態產生了極大的暗示作用，這一點不用懷疑的。

是真有相面之說，還是劉邦、呂雉在演雙簧？如果是劉邦、呂雉杜撰出這樣的故事，那我們只能說，這夫妻倆真懂造勢。

第 6 章

斬蛇起義

果然有一條大蛇，好像長堤般橫亙在小路上。劉邦也沒細看，只覺得一股熱血湧上心頭，抽出佩劍，大喝一聲：「畜牲如此無禮！」手起劍落，巨蛇一下子被砍成兩段。

借助老虎的威勢，狐狸得到百獸的尊敬，這是狐假虎威的高明之處。

劉邦斬蛇，本是再平常不過的事，可是經過一番特意造勢，聲稱「白帝的兒子被赤帝的兒子殺了」，他便成爲天意所歸的真命天子。

作爲一個小小的亭長，少不了被上頭派些公事。此時，沛縣奉朝廷之命，徵調一批民夫，去驪山修秦始皇陵。可是那些被強迫徵來的民夫，誰也不願意離鄉背井，跑到那麼遠的地方去做苦力。不得以已之下，亭長劉邦被派去押送這批壯丁。

民夫們被繩子拴著，就像一群被販往遠方的牲口。但是，他們畢竟是人，不可能乖乖認命，總在尋找機會逃走。

至於劉邦，雖說是押解官，但跟這些人的地位也相差無幾，加上生性豪爽，凡事都無所謂，沒有刻意做什麼限制。沒想到，還沒走出縣境，已經逃了不少人。

劉邦暗自盤算，再這樣下去，還沒到驪山，民夫就全逃光了。這樣一來，自己可難逃干係，心中不由忐忑萬分。

一天，劉邦等人走到豐鄉（江蘇豐縣）西邊的大澤。這澤方圓百里之內，葦草叢生，遍地泥濘，有人又趁機脫逃，劉邦完全無可奈何。

他叫大家停下來休息，然後自個兒喝起酒來，一喝就喝到了黃昏。仰頭看去，只見滿天昏鴉，在大澤上空盤旋，就像他那起伏不定的心。

不久，像是終於下定決心，他突然站起來說：「諸位老兄到了驪山，也是九死一生。我今天把各位放了，大家各自逃命去吧！」

民夫們知道劉邦生性詼諧，以爲他又在開國際玩笑，誰也沒有把這幾句話當真。直到劉邦替他們解開捆綁的繩索，大家才知道是真的，個個感激涕零，高呼幾聲萬歲後，一哄而散。

怪的是，過不了一會兒，大半壯丁又回來了。

劉邦奇怪問道：「你們怎麼不走？難道還想去驪山觀光？」

其中一個壯丁回道：「邦哥，你不忍把我們押到驪山去送死，慨然釋放，這份恩情，至死不忘！但是，我們都走了，邦哥你怎麼回沛縣交差？」

劉邦忙說：「你們儘管走吧！我自然不會再回沛縣送死，天下如此之大，何處不能容身？大丈夫四海爲家，哪裡不是家？」

眾人聞言，又是一陣感激，有十幾個壯丁情願留下來。劉邦見此情況，正好來個順水推舟，便高聲說：「承蒙各位老兄不棄，願意跟我劉邦，我也只好歡迎了！天高地廣，海闊天空，我們難道還闖不出一條生路來？」

就這樣，一行十幾人踏上逃亡之路。爲了避人耳目，不敢走大道，只得往小路走。

這一夜，頭頂上懸掛著一輪明月，清輝靜靜灑落，四周顯得和諧而寧靜。要是在平時，劉邦肯定會引吭高歌，盡情地抒發一番。可此時此刻，他已經成了一個逃亡之人，心裡只想著，月色這麼好，要是讓人發現行蹤，那就糟了！

正在行進間，探路的人回報：「前面有一條大白蛇擋住道路，我們還是原路返回，另走他路吧！」

劉邦帶著幾分酒意，大聲說道：「大丈夫走路，哪裡有因爲害怕一條巨蛇而返回的道理呢？」

說完，他大步走上前。沒多遠，果然見到一條大蛇，好像長堤般橫亙在小路上。他也沒細看，只覺得一股熱血湧上心頭，抽出佩劍，大喝一聲：「畜牲如此無禮！」手起劍落，巨蛇一下子被砍成兩段。

眾人撥開死蛇，驚歎一回，繼續前進。又走了數里，劉邦大醉難行，大家乾脆合衣躺入路旁草叢之中，呼呼大睡。

這件事已經夠奇怪了，更怪的事情還在後頭。

《史記．高祖本紀》記載：第二天早晨，正好有一個豐邑人經過劉邦斬蛇的地方，看見一個老婦蹲在那裡哭泣，便趨前問她原因。

老婦人說：「有人殺了我的兒子……」

這人問：「妳的兒子怎麼會被人殺了呢？」

老婦人回答：「我的兒子是白帝之子，變化成巨蛇，擋住了路，被赤帝的兒子殺了！」說完，又傷心痛哭。

這人覺得老婦言語怪誕，正要追問，一眨眼，老婦已消失無蹤。

這人大惑不解，繼續往前走，遇見劉邦等人，就把這段神奇的遭遇告訴了他們。劉邦心中大喜，一副爲受命於天的架勢。那些跟著的壯丁自也深信不疑，更加敬畏他。

這，就是劉邦經常自吹自擂的「斬蛇起義」。

唐代賈公彥疏曰：「五帝者，東方青帝靈威仰，南方赤帝赤標怒，中央黃帝含樞紐，西方白帝白招拒，北方黑帝計光紀。」

史書記載，秦國開國君主秦襄公立國西方，祭祀白帝，所以白帝在這裡暗指大秦王朝。傳說赤帝爲堯帝之後，是劉邦的祖先，因此在這裡暗指大漢。

從此以後，劉邦開口閉口就是「老子手提三尺劍斬蛇起義」，自負之情溢於言表。他的龍子龍孫也以此作爲吹噓的本錢，向天下百姓宣稱他們是受命於天。

有的歷史學家認爲，這一年是公元前二〇九年，也有人認爲是公元前二一二年，或是公元前二一一年。不管哪一年，反正劉邦認定先起義的是自己，當時陳勝、吳廣這兩個老兄還在替人家耕田呢！

話說劉邦斬了大蛇，興奮不已，帶著追隨他的一行人，走出大澤，進入芒碭山，當起了山大王。

芒碭山（**河南省永城縣東北**）分爲芒、碭兩座山，北邊叫芒山，南邊叫碭山，其間相距七、八里地。兩山之間，峰迴路轉，谷深林茂，人煙稀少，野獸出沒。雖不能說「棒打豹子瓢舀魚，野雞飛到飯鍋裡」，但也是一個很好的生存環境。

劉邦拍拍屁股一走了之，可苦了呂雉，不得不拖兒帶女地去找丈夫。一個弱女子，卻能毫不費力地上門來，這令眾人驚歎不已。

劉邦忍不住問她說：「我們藏身之處經常變化，外人一概不知，妳拖兒帶女，怎麼一下子就能找到？」

呂雉這婆娘也很會侃，回答說：「你居住的地方，天上經常有雲氣籠罩，我憑著天上的雲氣判斷，自然能找到你。」

劉邦聽了，自然高興。事情流傳去，沛中子弟都知道劉邦是「龍的傳人」，暗中依附者口多，劉邦也因此成爲沛中豪傑。

這種奇異徵兆，是不是劉邦和呂雉故意編造，藉以威服眾人？很有可能。

劉邦遇蛇、斬蛇之事，《史記》明文記載，但是真是假都屬次要。最重要的是，此刻起，一行人只有披荊斬棘，一往無前，義無反顧，才有生存下去的可能。與其說這是一個美麗或誇張的傳說，還不如說這件事揭示了一個真理——挺起腰桿往前走，金光大道；畏縮不前朝後退，絕路一條！

第7章

打造關係很重要

夏侯嬰竟也矢口否認：「我不小心撞到樹受傷，不是劉邦打的。」縣令明知道夏侯嬰在替劉邦開脫，但又苦無證據，只得遷怒，把他「掠笞數百」，關了一年多。

一隻狐狸失足掉進了井裡，無論怎樣掙扎都出不去。

一隻山羊口渴了，來到井邊，看見狐狸在井下，便問井水好不好喝。

狐狸說：「這是天下第一好泉，清涼爽口，快下來一起痛飲。」

山羊信以爲真，不假思索便跳了下去。咕咚咕咚痛飲之後才發覺不妙，不得不與狐狸一起商議如何出去。

狐狸說：「我有一個好辦法：你把前腳趴在井牆上，再把角豎直了，我從你後背跳上去，然後再把你拉上去。」

山羊同意了。狐狸立刻踩著山羊的後腳，跳到山羊的背上，再從角上用力一跳，順利跳出了井口。上去之後，狐狸直笑山羊是蠢蛋，然後揚長而去。山羊在井裡大吼大叫，卻無計可施。

從這個寓言中，我們知道：弱勢的狐狸能在優勝劣汰的世界中生存下來，除了善於運用自身能力，更懂得利用身邊的一切資源。

一個小小的亭長算不了什麼，可是劉邦當上了亭長，居然自在得很，因爲他更能幹自己想幹的事情，也和官府攀上了關係，由此營造出一張廣闊且穩固的關係網。

亭長這個職位，只不過爲官府跑跑龍套而已，大多數時間裡無所事事。劉邦仍然可以四處吹牛，四處遊逛，做他想做的事。

對於這位新上任的亭長，有人把他當成無賴，有人卻把他當成了寶貝。呂公把一個如花似玉的女兒嫁給了他，用時下的話來說，真是一朵鮮花插在牛糞上。

劉邦和呂雉成親，在家纏綿數日後，就又回到了泗水亭去。

由於耐不住寂寞，不久後他便勾搭上一個姓曹的女人。

男有情，女有意，兩人成了露水「夫妻」。曹氏居然比呂雉還早懷孕，後來生下長子劉肥，就是日後的齊王。

不能說劉邦不喜歡呂雉，但在他的眼裡，愛與肉欲就是那麼一回事。只要自己喜歡，只要自己快樂，他才不管那麼多呢！

與大多數農民一樣，劉邦日出而作，日沒而歇，完完全全淹沒在廣大群眾之中，看不出任何特殊的地方。看看左鄰右舍，你肯定能找到一個和劉邦一樣的人。

你一定會疑惑，他爲什麼不去追求更高的生活目標呢？

沒辦法，人們都知道一句名言——「劉邦從來不讀書」！

劉邦的文化水準低下，不可能從所見所聞之外獲取更多的訊息，他的眼光最先盯在社會現實的榮辱毀譽之上，最先看到的是功利。

也因爲沒有受過教育，他生性豪爽，不拘小節，做事情往往依感覺走，想幹什麼就幹什麼。幸好他還有一個長處，總算比一般的莽夫高明了一點，那就是很善於傾聽高人的意見，不專斷獨行。

不管怎麼說，當上了泗水亭長這個職位，既可以吃點小小的俸祿，又可以幹一些自己願意幹的事，劉邦自然很喜歡。

雖只是一位小小的亭長，但劉邦因此結識了各方人士，特別是縣衙裡的縣吏。這期間，他與蕭何、曹參、夏侯嬰、任敖等人都打得火熱，這些人全都甘願替他背黑鍋，為他兩肋插刀。

夏侯嬰與劉邦關係很好，經常在泗水亭一起飲酒。一次，兩人飲酒之後戲耍。由於劉邦太過大剌剌，戲耍居然也不知輕重，出手打傷了夏侯嬰。按照秦法規定，差官傷人，應該重罰。有人將此事告到了縣衙，縣令正好想報一下「奪子妻之恨」，便將他傳來。

縣令問跪在堂下的劉邦：「劉邦，你怎麼將夏侯嬰打傷？從實招來！」

劉邦一口否定說：「回大人話，夏侯嬰昨天的確在小人那裡喝過酒，但是從未發生打架鬥毆之事，請大人詳查。」

縣令傳令：「傳夏侯嬰堂下問話！」

夏侯嬰被傳了進來，頭上帶傷，跪在堂下。

縣令問：「夏侯嬰，劉邦是如何將你打傷的？從實說來！」

縣令的確有意為難劉邦，否則，怎麼會用這種帶有前提的問話方式？

誰知，夏侯嬰竟也矢口否認：「回大人話，我昨夜喝醉酒，不小心撞到樹受傷，不是劉邦打的。」

縣令明知道夏侯嬰在替劉邦開脫，但又苦無證據，只得遷怒，把他「掠笞數百」，關了一年多。

夏侯嬰為劉邦受過，可見兩人交往之深。反過來看劉邦，傷了朋友還不承認，可謂標準無賴一個。

劉邦私放驪山民夫後，逃往山裡，杳無音訊。縣令大怒，派人去捉劉邦家小。劉太公已跟劉邦分家另居，未被株連，只有呂雉被抓。

秦朝素以嚴法苛刑聞名，呂雉又無錢打通關節，在牢中受盡凌辱。

一日，一名牢卒見呂雉姿色秀麗，頓起歹意，準備調戲，正好被劉邦好友任敖碰見。任敖本是俠義心腸，一陣拳打腳踢，把這個牢卒打得鼻青臉腫。

兩人的打鬥被其他牢卒制止，一起押至縣令面前。

縣令開堂審理，雙方各執一詞，互相指責。

蕭何正在旁邊，有心護著任敖，進言說：「牢卒執法犯法，應該重罰；任敖出自俠義之心，行為雖然粗魯，但尚可諒解。」

縣令本來斷不清此案，覺得蕭何言之有理，便把牢卒打了四十竹杖，開除回家，對任敖則申誡一頓，不准今後再如此粗魯。

過了不久，經過蕭何等人的奔走，呂雉終獲釋放。

由這幾件事可以知道，無論做什麼事情，都不能沒有一批志同道合的朋友，從古到今，無不如此。劉邦結識的這些朋友，後來全成了和他一起打天下的班底。

第 8 章

凡事都得「衆望所歸」

劉邦立即召集追隨他的數百亡命之人，向沛縣進發。人馬飛速前進，很快來到城下。蕭何早已擬好文告一份，立即抄寫若干張，用箭射進城去，發動一場民心攻勢。

聰明的狐狸，不會直接取代老虎，成爲山大王。

劉邦知道，強扭的瓜不甜，民眾若不是真心順服，必然會再次叛離。計殺沛令後，他沒有像項羽一樣，用刀劍臣服他人，而是做足了順從民意的姿態，等著老百姓將沛公之職「強行」安在自己頭上。

不多久，陳勝起義，很多郡縣都殺郡守縣令，開城門迎接。沛縣令驚恐不安，連忙找蕭何、曹參商議。

蕭何說：「大人久爲秦國官吏，現在準備叛秦起義，恐怕不能服眾。不如徵集四散逃亡之人，少說也有數百，藉此服眾，大事可成。」

其實，這是在爲劉邦尋找機會。曹參聽出了話中之意，忙著補充：「劉邦原是泗水亭長，雖然私放驪山差役，實在出於萬不得已。此人有膽有識，一身豪氣，赦罪召回，定能感恩圖報，輔佐大人成就大事。」

沛令聽了，思考一會兒說：「劉邦逃到何處，哪個知道？」

曹參說：「大人手下鄉丁小頭目樊噲，與劉邦是連襟兄弟，一定知道下落，可叫他去招來劉邦。」

樊噲本是殺狗之人，素與劉邦友好。那時的人吃狗肉，就像今天吃豬肉一樣平常。據說，劉邦經常去樊噲那裡白吃，樊噲受不了，索性把攤子搬到河對面去賣。誰知河中游來一隻大烏龜，把過不了河的劉邦馱了過去。樊噲一氣之下，把烏龜殺了與狗肉一起煮，以解心頭之恨。出乎意料的是，狗肉由此更加鮮美可口，遠近馳名。

劉邦因為面相好，白撿了呂公的長女呂雉。樊噲也因為外貌被呂公看中，把二女呂嬃嫁給了他。劉邦逃到芒碭山中後，樊噲也去入夥，後來因為蕭何、曹參等人周旋，又回到沛縣當了鄉丁小頭目。

且說樊噲接到命令，忙趕到劉邦那裡，告訴他沛令相招之事，並送上沛令書信。劉邦立即召集追隨他的數百亡命之人，向沛縣進發。

剛走到半路，蕭何、曹參迎面趕來。

蕭何說：「前日沛令召你回來，說好等你到了就舉大事。可是，樊噲走後，沛令突然後悔，怕你來了對他不利，下令緊閉城門，還要殺我二人。幸好我們得到消息，翻過城牆逃脫，否則也見不到你了！」

劉邦笑道：「他怕老子回去，老子不去不就行了？二位跟我一起回芒碭山中，過幾天清閒自在的日子吧！免得再受這些人的鳥氣！」

曹參說：「不可！我們的家眷都在城中，必然會被沛令殺害。」

蕭何說：「天下紛紛起事，天賜良機，切莫錯過，久在山中為王，也不是長久之計。你率兵前進，攻破沛城，就有了立足之地。而且，沛城之中，要殺縣令的人豈只一兩個？施一小計，包管大家平安進城。」

劉邦、曹參細聽他妙計，心中大喜，催動人馬飛速前進，很快來到城下。蕭何早已擬好文告一份，立即抄寫若干張，用箭射進城去，發動一場民心攻勢。

文告是這樣寫的：「天下慘遭秦國暴政欺凌已經很久了，民不聊生，豪傑蜂起。如今劉邦倡義聚眾，欲依照公議推舉沛縣主事，迎接天下諸侯，共同完成推翻秦國大業。父老鄉親如果幫助沛令守城，諸侯大軍必然屠城，身死家破，徒死無益。若能誅殺沛令，開城投誠，日後定當高官，可享盡榮華富貴。否則，城破之日，玉石俱焚，後悔莫及。」

文告傳入沛城，可想而知，城中居民一夜十驚。

劉邦好友任敖也撿到一張，看後大喜，忙去找三老、豪傑商議。大家議論一番，一致認爲：「劉邦已經率兵圍城，所言應該不假。沛令素來不得人心，殺了他，也是他罪有應得。再說了，蕭何、曹參等人肯定已降了劉邦，此城怎可能長期固守？不如誅殺沛令，迎接劉邦入城！」

眾人商議已定，當即率領子弟、家丁攻入縣衙，殺死沛令，而後大開城門，迎接劉邦入城。

入城後，蕭何、曹參、任敖等人，與父老、豪傑共同商議，準備推舉劉邦爲沛令。

劉邦聞訊，急忙推辭說：「天下紛紛，群雄並起，要是沒有選擇好首領，必將一敗塗地。不是我不肯爲父老鄉親出力，是我無德無能，恐怕會辜負大家的盛情，希望另外推舉賢能之人。」

這時，有人又點名蕭何、曹參。兩人都是文吏，考慮事情比較周到，深怕將來大事不成，反被秦國滅種滅族，更是萬般推拒，力薦劉邦。

劉邦自然還是推辭，因爲他的文告已經指明要大家公推，現在不得不擺擺姿態，以便服眾。其實，由他當領導，也是理所當然的事情，畢竟就是因爲他那數百人，才使得沛令身首異處。

父老、豪傑都說：「我們平生聽到你許多異事，看來你本當大富大貴，而且占卜問卦，也無人比你大吉。」

劉邦雖然再三推辭，但在沒有人敢擔當這一重任的情況下，最終也只好「勉爲其難」地答應了。

之後，劉邦設壇告祭上天，祭祀黃帝，殺牛釁鼓，皆打赤幟，以應「赤帝子」殺白帝子之說。又拜蕭何爲丞，曹參、周勃爲中涓，周昌、樊噲爲舍人，夏侯嬰爲太僕，任敖、周苛、盧綰等人爲客從。一個強大的團隊，逐漸成型。

第9章

目標是什麼？

劉邦「西略地入關」是懷王的命令。但是，這種安排顯然有偏袒的嫌疑。西進關中者，可為關中王，相較之下，北救趙國能有什麼獎賞？

一位禪師與弟子外出，看到狐狸在追兔子。

師父說：「大部分清醒的兔子，都可以逃掉狐狸的追殺，這隻也可以。」

弟子說：「不可能！狐狸跑得比兔子快！」

師父仍然堅持，「兔子將避開狐狸。」

弟子問：「師父，您為什麼如此肯定？」

師父答：「狐狸是在追牠的晚餐，兔子是在逃命。」

目標不一樣，往往導致努力程度的不一樣，也導致了結果的不一樣。

項羽的目標是什麼？

項羽與秦有國仇、有家恨，他的目標就是「報仇雪恨」。

劉邦的目標是什麼？

先入關者王秦！

劉邦之母死後不久，秦軍來攻城。劉邦帶著他的兵馬，與來敵展開刀對刀、槍對槍的戰鬥。來敵是秦泗水監軍，不敵，帶兵逃走。

劉邦命同鄉人雍齒留守豐城，親率大軍追趕。泗水（江蘇沛縣）一戰，又敗秦軍。泗水郡守和監軍逃往薛（山東滕縣東南），劉邦窮追不捨，直到殺死郡守方止。

劉邦在前方血戰，想不到後方出了大問題，有人來挖牆角了！

陳勝命手下周市西攻魏地，周市派人遊說豐城守將雍齒，對他說：「豐城是魏國故地，魏國已經攻下了數十城。如果你開城投降，你就是魏國的豐守，否則，攻破城池，雞犬不留。」

雍齒雖然是劉邦同鄉，但是與劉邦素來有隙，便脅迫城中將士、百姓，開城投降了周市。公元前二〇九年十二月，劉邦人在前線，正欲進兵亢父（山東濟甯市南），忽聽雍齒舉城降魏，驚恐得不敢相信自己的耳朵。等他聽清楚報告之後，立地大喊一聲：「我一定要殺死雍齒這個叛賊！」

不打了！劉邦立刻帶兵趕回豐邑。豐城經過幾個月的整修，比以前堅固多了，劉邦攻打幾日，損兵折將，不想又生了病，只得折回沛縣。

劉邦退回沛縣養病，十分痛恨雍齒與豐邑人背叛自己，聽說秦嘉擁立景駒為楚王，駐軍留（江蘇沛縣東南），便打定主意去依附，借兵再奪豐邑。

次年一月，劉邦率領軍隊往東南方向前進，準備投秦嘉和景駒。路上，遇到韓國貴族後代張良。

張良素有賢名，劉邦早就知道；劉邦沛縣起義，張良早已知道。兩人見面，雖說初會，但彼此都慕名已久。聽說張良也要去投奔景駒，劉邦忙叫人牽來一匹好馬，與他並轡而行，邊走邊聊，大有相見恨晚之意。

《史記・留侯世家》載：「沛公拜良為廄將。良數以《太公兵法》說沛公，沛公善之，常用其策。良為他人言，皆不省。良曰：『沛公殆天授。』故遂從之。」

從此，劉邦得到漢初三傑之一。

劉邦等人到了留，見過景駒，忽然有士兵前來通報，說章邯兵馬掠地，攻下相縣（安徽睢縣西北），就快打到碭（河南永城東北）。劉邦只得與秦嘉帶兵擊秦，兩軍在蕭城（安徽北部）西交戰，起義軍敗退，撤軍守留。

公元前二〇八年二月，劉邦率兵攻碭，經過三月激戰，奪下碭，收編兵卒五六千人，軍威復振。三月，劉邦從碭出發，揮師北進，攻取下邑（安徽省碭山縣），北下攻打豐邑。雍齒死守，兩軍相持不下。劉邦屯兵城下，苦思良策。

此時，項梁擊殺秦嘉，引兵攻佔薛城。劉邦聽說後，與張良商議，決定去找項梁借兵。項梁見劉邦容貌不俗，言語出眾，格外敬重，借他五千人馬。

劉邦借得兵馬回來，晝夜攻城，經過三天二夜，雍齒抵擋不住，城破，只帶了幾個隨從突圍，逃竄魏地。劉邦進入豐邑，傳來三老、豪傑，狠狠訓斥一頓，令他們組織兵士，加固城防，並派人隨項梁的人馬到薛城報捷。

過了月餘，項梁致書劉邦，約他到薛城商議軍機大事。在這次大會上，項梁聽從范增建議，擁立楚懷王。

經過張良的活動，項梁立韓公子成為韓王，封張良為韓申徒，撥給一千餘兵馬，派往韓地掠地奪城，張良也因此暫時離開劉邦。

劉邦聽從項梁將令，與秦軍作戰多次。公元前二〇八年七月，秦少府章邯擊敗陳勝之後，引兵北攻魏國，殺齊王田儋、魏相周市，魏王引咎自焚。章邯趁勝進攻齊地，兵圍田榮於東阿（山東陽谷縣東北）。城內兵少糧缺，情況危急。項梁率領項羽、劉邦揮師北上救援。兩軍在東阿城下混戰，最後項梁終於戰勝章邯，讓他嘗到失敗的滋味，不得不向濮陽（河南濮陽縣西南）方向逃。

隨即，項梁分兵兩路，命令劉邦和項羽攻打城陽（山東鄄縣），自己領兵追趕章邯。城陽秦軍拚命抵抗，城破之後，項羽屠城。

八月，項梁在濮陽城外再破秦軍，章邯敗入濮陽堅守。項梁移兵攻定陶，令劉邦、項羽攻打雍邱（河南省杞縣）。三川守李由先勝後敗，被劉邦部下夏侯嬰殺死。

不料，項梁在攻打定陶的戰鬥中輕敵而亡。楚懷王遷都彭城之後，召開高級軍事會議，與諸將約定「先入定關中者王之」。劉邦獲准引兵西進，去奪取關中。

從沛豐起兵以來，這段時間，劉邦只不過在項梁手下打了幾仗，而且基本上都是與項羽合作，直到這一刻，才算走上獨立滅秦的道路，跨出登上天子之位的關鍵一步。細細想來，既是運氣，也是機遇。

這個機遇究竟是劉邦抓住的，還是楚懷王等人指定的，史書沒有明文記載，但是可以藉《史記．高祖本紀》中的一段話加以分析。

> 趙數請救，懷王乃以宋義為上將軍，項羽為次將，范增為末將，北救趙。令沛公西略地入關。與諸將約，先入定關中者王之。
>
> 當是時，秦兵強，常乘勝逐北，諸將莫利先入關。獨項羽怨秦破項梁軍，奮，願與沛公西入關。

從第一段話來看，劉邦「西略地入關」是懷王的命令。但是，這種安排顯然有偏袒的嫌疑。西進關中者，可爲關中王，相較之下，北救趙國能有什麼獎賞？

第二段話則表示，因爲秦國強大，雖有重賞，也無人敢參與競爭，只有項羽願與劉邦同去。這又讓人忍不住懷疑，是劉邦自己願意去的？還是因爲項羽主動請戰，才產生這兩人到底誰去的問題？

無論如何，劉邦能得到這樣一個機會，的確至關重要。劉邦，特別是他的謀臣們，想來對此也十分重視。

從此以後，劉邦的一切行動，都朝著「入關」這一目標挺進。

第10章

人才力量大

五更時分，大軍已把宛城圍住。劉邦下令各軍掛出全部赤幟，擺出各種武器，簡直把城圍成鐵桶一般。南陽郡守登城一見此等情況，嚇得三魂一下子少了二魄。

得到入關的許可，劉邦從碭地出發，一路收羅陳勝、項梁散兵，揮師北向，大破城陽，連敗秦軍，全軍將士都欣喜異常。

接著，劉邦在東郡（河南省濮陽西南）附近打了幾次勝仗，收編楚將陳武、魏將皇欣、魏申徒武蒲的軍隊，隊伍增加到兩萬多人。

秦二世三年二月，劉邦率兵南下，兵圍昌邑（山東省金鄉縣西北），昌邑守將據城固守。劉邦與彭越聯合攻打，城中拚死抵抗。劉邦害怕拖延時間，決定放棄攻打，從此又與彭越分別。彭越繼續在巨野（山東西南部、萬福河北岸）澤中幹他原來的行當——「爲群盜」。

接下來，劉邦率兵西進，路過高陽。在這裡，他得到兩個重要謀臣——酈食其和其弟酈商。

酈食其是高陽（河南省杞縣西）的一個老儒生，平生最愛喝酒，家貧落魄，無以爲生，只好充當里中監門吏。

雖然如此，高陽縣中人都不敢派他差役，認爲他是一個狂士。

聽說劉邦來到陳留（河南省開封市）附近，酈食其便準備前去見劉邦。

劉邦手下有一騎士，正是酈食其的小老鄉，同居一個里，劉邦經常與他談論賢士俊傑之事。正好這位騎士回鄉省親，酈食其碰到了他，兩人閒聊起來。

酈食其說：「我聽說沛公劉邦素來傲慢無禮，但是志向遠大。我正想跟這樣的人交往，但是沒有人給我介紹介紹。你回去對他說，我們里中有一個儒生叫酈食其，年齡六十多了，身高八尺，人們都叫他狂士，但他卻說，自己不是狂士。」

騎士說：「沛公不喜歡儒生，有很多人戴著儒生的帽子去見他，他竟取下人家的帽子來當尿器！他與人說話，經常罵罵咧咧，所以絕不能說你是儒生！」

酈食其說：「你只管這樣說。」

騎士把話源源本本地告訴劉邦，劉邦令他去召酈食其來見。

酈食其來到劉邦的住所，就見劉邦踞坐床上，兩個女子正在給他洗腳。

酈食其走上前去，只作了個揖，也不行大禮，開口問：「你領兵到這裡，是幫助秦兵討伐諸侯呢？還是跟天下諸侯一起消滅秦國？」

劉邦罵道：「迂腐的讀書人！天下人慘遭秦國暴政的折磨已經很久了，所以諸侯聯合滅秦！你竟然糊塗到如此地步，此時還說輔助秦兵討伐天下諸侯！」

酈食其說：「既然是起義兵翦滅暴秦，爲什麼擺出這副德性來見長者？如此輕慢賢士，誰願給你出謀劃策？」

劉邦聞言，臉色轉爲恭謹，馬上站起來，請他上坐，致歉說：「剛才先生來得匆忙，一時禮數不周，切莫見怪。」

於是，酈食開始高談闊論。先說六國縱橫，後論秦國無道，口若懸河，滔滔不絕，彷彿蘇秦、張儀再世。

劉邦大喜，叫人擺上酒食，請問伐秦入關大計。

酈食其一邊喝酒，一邊高談闊論，說道：「將軍收羅烏合之眾，率領散亂之兵，總共加起來不過數萬人，就想直入關中，進攻強秦，此可謂驅群羊而入虎口者也。依我之見，不如先佔領陳留。陳留是秦國屯糧的地方，城中積糧很多，足以補充軍需，又是天下戰略要地，四通八達。我與陳留長官關係不錯，願去勸降。如果他不聽招安，將軍引兵攻城，我可以為內應。佔領陳留，作為根據地，然後尋找機會攻入關中，這才是萬全之策。」

劉邦聽了很高興，依計行事，派兵暗中跟隨。

到了陳留，酈食其大侃特侃，用三寸不爛之舌遊說縣令，但任他說得天花亂墜，縣令始終不為所動。

見狀，酈食其話鋒一轉，又獻計守城。縣令被他感動，設宴置酒款待。酈食其本是高陽酒徒，酒量大得驚人，三杯下肚，要求更換大杯暢飲。縣令不知是計，被他灌得大醉，眾人扶入內室昏睡。

酈食其乘機潛出縣衙，假傳縣令之命，打開城門，迎接劉邦大軍入城。

不費吹灰之力，劉邦輕取陳留，繳獲了大批糧草。陳留縣令酒醉未醒，被亂軍殺死。其後，劉邦出榜安民，嚴肅軍紀，不准擾民。城中百姓很快臣服，各自安居樂業。

劉邦十分佩服酈食其的神機妙算，爲了獎勵他輕取陳留之功，封爲廣野君，留在身邊作爲謀士。

酈食其的弟弟名叫酈商，有勇有謀，早就暗中組織人員反秦。酈食其推薦給劉邦，劉邦命他招納舊部和陳留子弟，得數千人，封爲裨將，隨軍西征。

秦二世三年三月，劉邦軍隊經過休整之後，兵圍開封。開封未下，秦將楊熊領兵增援。劉邦於是率兵北擊楊熊。兩軍在白馬（河南省滑縣東）開戰，劉邦兵馬突然襲擊，擊潰秦兵。

楊熊帶著敗兵向滎陽（河南滎陽東北）逃去，到了曲遇（河南中牟縣東）東，收住敗軍，擺開陣勢，準備一決死戰。劉邦命令樊噲爲左軍，夏侯嬰爲右軍，自統中軍正面迎敵，又令周勃、灌嬰率軍背後包抄。

秦軍與劉邦軍正面酣戰，打得難解難分之時，周勃、灌嬰突然從後面殺來，兩面夾擊之下，隊伍登時混亂。劉邦趁機催動人馬發動猛烈攻擊，把秦軍分割成數塊，圍而殲之。秦軍大敗，楊熊只得帶領一股殘兵遠走，繼續向滎陽逃去。

這是劉邦西進關中最激烈的一戰，大獲全勝，士氣大振，也因此加強了他消滅秦國、當關中王的決心。

大軍進駐曲遇，犒賞三軍將士。事隔幾日，探子傳來消息，楊熊因兵敗被殺。此時，附近已無強敵，劉邦遂進兵潁川（治所在河南省禹縣）。

秦二世三年四月，劉邦大兵圍攻潁川郡府陽翟（河南省禹縣）。陽翟城高池深，兵多糧足。劉邦連攻多日，仍不見效，苦無良策。

此時，張良突然到來，劉邦喜不自勝，兩人互道離別之後的情況。

張良說：「自從與沛公分別之後，協助韓王成兵略韓地，雖然取得幾城，但又被秦軍奪回。因此，只好在潁川來來往往進行游擊戰，消滅秦軍力量。聽說沛公到此，特來相見。」

劉邦說：「先生來得正好，先替我攻下陽翟，我再幫助韓王搶佔地盤。」

張良巧獻一計，劉邦依計而行，火攻城門，破城而入，殺散守兵，順利佔領了陽翟。接下來，兩人開始商議攻打滎陽，聽說趙將司馬卬欲渡河入關。劉邦害怕落後，急忙領兵北上，攻打陽豐（河南孟津縣東），切斷司馬卬西進通路，率師向南攻打雒陽（河南洛陽市東北）。然而雒陽城高池深，一時難以攻破，他立即揮師前進，進入轘轅山區（河南偃師縣東北）。

轘轅山，顧名思義，山路崎嶇，通道盤旋。山上有一座轘轅關，地勢十分險要。《史記索隱》曾說，此山有九十二彎，是天下險要之處。也正因爲道路艱險，秦國沒有派兵把守，劉邦的部隊得以順利通過。

過了轘轅山，進入原韓國故地，劉邦一路奪關斬將，很快打到了陽城（河南省登封縣東南告城鎮），繳獲戰馬千匹，佔領十餘座城池，基本上掃平了韓地。劉邦留韓王成鎮守，向韓王成借了張良，繼續西進。

秦二世三年六月，劉邦帶兵攻打南陽郡，準備從武關進入秦地。南陽郡守率兵追擊，被劉邦先鋒樊噲擊敗，退回宛城（河南省南陽市）。

宛城是南陽郡首府，城池堅固，又駐有重兵，劉邦急於入關中，立即從城西繞道而過，直撲武關（陝西省商南縣西北）。

離開宛城幾十公里，來到丹水（河南省淅川縣西）時，日墜山頭，暮色將起，暑熱開始散去，徐徐涼風拂面而來，讓人精神爲之一振。

張良突然快馬加鞭，一下子跑到劉邦馬前，攔住去路，並問：「沛公請等一下！我有一事不明，特來詢問明白。」

「先生有話直說，不必客氣。」

「前日沛公兵精糧足，爲什麼還要到韓王那裡借我？」

劉邦笑著說：「先生深謀遠慮，我希望能夠經常聽到你的教誨，這有什麼好不明白的？」

張良也笑著說：「這一整天都在行軍，我想了很久，覺得有一事應該提醒您。」

「先生請講。」

「沛公雖然急於入關，但是秦兵還很強大，他們會憑藉險阻拚命抵抗的。如今宛城未下，前面又有強敵，若是秦兵前後夾攻，如何是好？」

劉邦忙問怎麼處置，張良附耳低聲交代了一番。

劉邦聽完，二話不說，急忙下令騎兵在前，步兵在後，星夜兼程，務必在天明之前，把宛城圍個水洩不通。

五更時分，大軍已把宛城圍住。劉邦下令各軍掛出全部赤幟，擺出各種武器，簡直把城圍成鐵桶一般。

南陽郡守聽得探子回報，劉邦大軍已經西進，才剛放下懸著多日的心，回府安心睡了一夜。此時竟聽到城外鼓角齊鳴，登城一見此等情況，嚇得三魂一下子少了二魄。幸虧左右及時扶住，才沒被嚇倒在地。

這就是張良的突襲宛城、威迫降敵之計。

劉邦放棄宛城不攻，急於進入關中之時，其實張良就已定下了妙計，但不急著說出來。等到迷惑了敵人之後，才及時勸阻劉邦西進，飛兵圍住宛城，漂亮地打了秦兵一個措手不及。

南陽郡守看到如此緊急情況，大叫道：「兵臨城下，早晚是死，遲死不如早死！」說完，拔劍就要自殺。

食客陳恢一把抱住他，高聲說道：「主人不要性急，離死還早著呢！」

郡守垂頭喪氣道：「先生有何妙計，可以救我不死？」

陳恢說：「我聽說，劉邦當年曾經義釋押送的驪山刑徒，按理是個寬厚仁慈的人。如今天下大亂，鹿死誰手尚未可知。大人何不歸順他，既可保住性命，保全祿位，還可讓全城軍民免遭殺戮。大人如果願意，小人願去遊說，包管萬無一失。」

郡守無計可施，只好叫陳恢去試一試。

陳恢縋城而下，聲稱要見沛公。張良忙勸劉邦請他進入。

見面後，陳恢說：「我曾聽人說，楚懷王與諸將相約：『先入咸陽者王之』。如今沛公圍攻宛城，恐怕一時難以攻下。宛城是一個大地方，有數十個城池可以互相支持，人口多，積蓄廣，官吏們都認為投降是死，戰死也是死，堅決據城拒敵。如果沛公拚力強攻，殺人三千，自損八百，士卒死傷者必眾。而若不攻下宛城，貿然引兵西進，宛兵必追無疑，不免腹背受敵。攻下宛城，入關就會落在他人的後面；若不攻宛城，又要兩面受敵，真是為難局面。下人已經給你想好了一條妙計：詔令投降，封郡守為官，讓他鎮守宛城，您則帶兵快速西進。那些未下之城，難道還不聞風而降？沛公通行無阻，還怕不先入咸陽？」

張良急忙以眼神示意應允，劉邦自然沒有不同意之理，馬上採納意見，派陳恢回去告知郡守。

秦二世三年七月，南陽郡守打開宛城大門，迎接大軍入城。劉邦封郡守為殷侯，鎮守宛城，封陳恢為千戶侯，輔佐郡守政事。其他人一律保留原職。

陳恢出城遊說劉邦，不說郡守嚇得要死，準備自殺，反而告知劉邦，如果強攻，必然殺人三千，自損八百，並且還耽誤入關大事。相較之下，允許宛人歸順，不僅可以一路暢通無阻，早日入關，獲取「王關中」的政治優先權，而且還不會損兵折將。真替劉邦想得周全。

張良一計，讓劉邦順利抵達武關，進入咸陽，足見一人之謀，勝過千軍萬馬。當然，劉邦之所以能夠「不戰而屈人之兵」，在於已有足夠的實力作後盾。

休整幾日之後，劉邦帶領大兵出宛城，經丹水，過胡陽（河南省唐縣南），過酈（河南省內鄉縣東北）、析（河南內鄉縣西北），沿線城鎮聞風而降。

嘗到了文攻滋味，劉邦嚴令將士不得騷擾百姓，所到之處，秦民安居樂業，人人歡喜相迎，大軍直向武關撲去。

從關東進入關中，有兩條要道，一是函谷關，一是武關。關東之得名，就是因爲中原地區在函谷關以東，而關中地區，因東有函谷關，北有潼關，西有散關、蕭關，南有武關。劉邦不走函谷關，乃是考量秦軍防守嚴密之故。

眼看就要拿到當關中王的通行證，劉邦立即組織隊伍，準備強攻。張良以爲不妥，急忙勸說：「秦兵尚強，不可輕敵。我已探聽清楚，武關守將是屠戶之子，商人重利，宜用重賄遊說。沛公不如先留在軍營之中，派人到關下去遍插旌旗，作爲疑兵。再叫陸賈、酈食其等人前去遊說，許以重利。」

劉邦依計而行，派陸賈、酈食其到武關，拜見守將韓榮、朱蒯等將領。

酈食其開口說：「秦國無道，暴虐天下。諸侯合兵討伐暴秦，並非只有沛公一人。如果將軍憐惜天下生靈之苦，開關迎接，沛公保奏楚懷王，必然重賞千金，官爵萬戶侯。將軍莫大之功，百姓永遠不會忘記。」

韓榮回答說：「我們久食秦國俸祿，不忍一日背棄。先生且請退下，讓我們三思而行。」

兩人告辭韓榮等人而回，詳細報告出使情況。張良、劉邦又有一番計較，又派陸賈、酈食其明日再去。

韓榮、朱蒯等人在陸賈、酈食其二人走後，倒是真的商議了一番。有的主張開關投降，有的主張守關拒敵，討論許久都沒有定論。

次日，酈食其、陸賈又到。

這次陸賈率先開口：「韓將軍考慮得怎麼樣了？」

韓榮說：「眾議不一，難以決斷。」

酈食其說：「將軍等人雖然不願歸順，但沛公深感厚意，特送上千金為謝。沛公暫且退兵，等到諸侯大兵到來，再做處斷。」

韓榮說：「我跟沛公分屬敵對之國，哪能接受千金重禮？」

陸賈說：「將軍不接受，表明將軍與沛公絕情。將來天下諸侯率兵前來，合力攻打，此關難免要破，到那時如何交涉？與其今日絕交，不如暫且收受此禮，給自己留下一條退路，望將軍三思。」

韓榮只好說：「禮品暫且收下，希望沛公與天下諸侯能夠罷兵，以免生靈塗炭。這是先生的莫大恩德。」

酈食其說：「我等會轉達將軍好意。沛公歷來寬厚仁慈，絕不會辜負您。」

兩人告辭韓榮等人，回見劉邦，詳細報告第二次出使情況。

張良說：「乘此機會，正好用計。我方陸續差人從後山小路潛過關去，躲藏在叢木草樹裡面，如此三日，人數可達幾百。速命原來所佈旌旗於黃昏時分排隊而回，顯示出退兵的樣子，同時派勇兵強將夜間靠近城牆埋伏。準備完畢後，令樊噲率兵發起猛攻。藏在武關後面叢林之兵一齊放火，近城之兵突然襲擊。韓榮首尾不能相救，必然棄關逃走，我軍可以順利通過武關。」

劉邦深信張良計謀，挑選精兵強將，依計而行。

不知不覺，三日過去。

收了禮品，又見劉邦大軍後撤，韓榮終日飲酒，全無防守準備。突然聽到關前號炮轟響，金鼓齊鳴，急忙帶著衛隊登城查看。只見滿山遍野燃起熊熊大火，不知何時，關前關後全是劉邦大軍。

韓榮嚇白了臉，無計可施。

樊噲等人率領精兵，很快攻上關口，殺得秦兵無處藏身。韓榮只得帶著殘兵敗將，從關後拚命奪路回逃。關後本來沒有多少人馬，韓榮等人未遇多大阻擊，突破火圍，直奔藍田而去。

劉邦順利地通過武關，馬不停蹄地向秦國首都咸陽急進。好好的一個大秦王朝，眼看就要成爲歷史了……

第11章

順民者昌，逆民者亡

項羽滅秦國，狂焱風捲殘雲，以武力壓服天下，後人咒他「逆楚」。劉邦吞八荒，螞蟻啃骨頭，讓人民休養生息，後人讚他「仁義」。可謂順民者昌，逆民者亡。

項羽就像一匹猛獅，橫衝直撞，很少顧慮後果，坑殺降卒二十萬，因此落下了殘忍的罵名。同樣是征戰沙場，劉邦卻如狐狸般狡猾，屁顛屁顛地跟在項羽的後面收拾殘局，要點手段，給百姓一些小恩小惠，成功博得仁厚長者的美譽。

項羽殺了宋義，奪了軍權，實際上成了起義軍的首領。他立即派英布和蒲將軍率兵二萬渡過漳河，自己隨後又破釜沉舟，與章邯交戰。

項羽能夠臣服諸侯，不是靠牛皮吹出來的，不是靠運氣撿來的，更不是靠祖宗庇蔭，而是靠他的武勇，靠他的力量。

正當劉邦攻入咸陽之際，項羽收降章邯，率領大軍準備西進入關，攻滅殺死他祖父項燕和叔父項梁、消滅祖國楚國的秦國。

大軍迅速推進，不久來到新安（河南省澠池縣東）城南。在這裡，他做了一樁五十多年前白起曾幹過的殘暴事件。那時，秦將白起坑殺趙國降卒四十餘萬，這次卻是楚將項羽坑殺秦國降卒二十餘萬。

項羽坑殺秦降卒的原因，與白起坑殺趙降卒的起因相差無幾。

項羽所帶領的起義大軍，很多都服過勞役，曾經受到秦卒的虐待。而今跟著章邯等人投降的二十萬秦軍，雖然不是階下囚，是卻成了項羽大軍的出氣筒。因此，秦降卒與楚兵的關係很緊張。

項羽巡視兵營，聽到秦卒竊竊私議：「我們被章邯等人誘哄，錯降項羽。如果能夠破關入秦，尚可回家；如果不能，肯定要被項羽擄掠到東方，現在尚且受此惡遇，不知那時將受到何等虐待！另一方面，秦國必然殺盡我們父母妻子……」

聽到這些議論，他心中大怒，回到中軍帳，立召英布等大將說：「秦軍降卒二十萬都想謀反！我剛才在軍中巡哨，聽到他們正在那裡私下謀劃。如不搶先下手，恐怕嘩變，爲害不淺。你等率三十萬楚軍，趁他們措手不及時，全部斬首，只留章邯、司馬欣、董翳三人。」

范增苦勸，項羽不肯回心轉意。英布於是率三十萬楚兵，夜半突入秦兵營地，將二十萬降卒殺得乾乾淨淨，汩汩的血漿塞阻溝渠，獨留章邯、司馬欣和董翳。

三人叩頭請免。項羽說：「我不會殺害各位將軍，是秦軍降卒企圖謀反，才殺了他們。章將軍仍是雍王，司馬將軍仍是上將軍，董翳將軍仍是都尉，諸位不要多疑。」

三位秦國降將的官位，是項羽讓楚懷王加封的。

白起、項羽殺戮降卒的暴行，受到後人不斷譴責，但也有人卻對這件史事的真實性表示懷疑。例如，《劍橋秦漢史》就說：「以當時掌握的技術手段來說，真要把一支二十萬人的軍隊斬盡殺絕，實際上是不可能的……」確實，要在一夜之間殘殺這麼多人，怎麼想都不太可能。

與項羽恰恰相反，劉邦進入關中之後，不但沒有燒殺搶掠，而且「約法三章」，向民眾拉選票。安民告示一出，「秦人大喜」，「唯恐沛公不為秦王」。成功為自己拉來不少政治選票，他從此具備了「人和」的條件，為以後的發展打下了基礎。

秦始皇兼併六國，秋風掃落葉，用戰爭的手段治理天下，後人罵他「暴政」。項羽滅秦國，狂焱風捲殘雲，以武力壓服天下，後人咒他「逆楚」。劉邦吞八荒，螞蟻啃骨頭，讓人民休養生息，後人讚他「仁義」。

這正是順民者昌，逆民者亡。

劉邦進入武關，直抵嶢關（又名藍田關，陝西省藍田縣東南）。嶢關位於咸陽東南，是進入咸陽的最後關口，如果此關失守，咸陽將不攻自破。劉邦旗下大軍，勢必得在這裡與秦軍一戰！

《史記·高祖本紀》記載：「劉邦因襲攻武關，破之。又與秦軍戰於藍田南，益張疑兵旗幟，諸所過毋得掠虜。秦人喜，秦軍解，因大破之。又戰其北，大破之。乘勝，遂破之。」

司馬遷用寥寥數筆，寫下了秦王朝覆滅前的掙扎，讓人意猶未盡。如果仔細撰寫，當可成一段精采故事：

劉邦隔河遙望，看見巍巍然的秦王朝都城咸陽。

一個曾經強大的王朝，已經到了油盡燈枯的時候。

不久前，趙高誣陷並殺害李斯，演了一場「指鹿為馬」的醜劇，跟著又殺死了昏庸殘暴、年僅二十的秦二世胡亥。

趙高想自立爲王，派人聯絡快要進入武關的劉邦，「欲約分王關中」。劉邦唯恐趙高行詐，繼續向咸陽挺進。又一轉眼，趙高這個大陰謀家已被子嬰設計殺死。子嬰即位，去帝號，當秦王。

劉邦大軍擊破嶢關後進兵灞上（**陝西省西安市東**），與張良、蕭何等人商議，決定先禮後兵，給秦王子嬰送去一封勸降書。子嬰看到劉邦兵臨城下，朝中官員紛紛逃亡，自知已到山窮水盡，回天無力，只得答應投降。

只當了四十六天秦王的子嬰，坐在用白馬拉著的一輛白色喪車上，用繩索套住自己的脖頸，代表曾經統一中國的嬴氏家族向天下服罪，向人民懺悔。這是一幅多麼悲慘的景象！好端端的一個大秦王朝，幾年就滅亡在趙高、胡亥等人手裡！

軹道（**陝西西安市東北**）只是一個極爲平凡的地點，因旁邊有一個小亭子而得名，如今卻成爲大秦帝國的終點，成了歷史的見證。

喪車載著子嬰緩緩地朝著軹道行來，行向歷史的終點。

子嬰投降，成了劉邦的俘虜。劉邦說：「懷王命我入秦，就是因爲我寬容大度，不濫殺無辜。況且子嬰已降，殺他有失仁義！」

歷史在這裡飛快地翻了一頁，劉邦的大軍開進了咸陽城。將士打開府庫，分金取銀；蕭何帶人進入丞相府中，把秦朝的相關檔案資料運到軍營裡。

劉邦和那些搶錢拿物的將士們，自然不會有人稱道，唯有蕭何搶書，倒是得到後人好評。就是憑藉這些搶來的資料，他迅速掌握了秦朝的法律制度、關口要塞、全國戶口、各地經濟等情況，爲後來劉邦戰勝項羽、建立漢朝，發揮重要作用。因此，李贄在《史綱評要》中稱他是宰相之才。

眼看咸陽城裡燒殺淫掠，已經鬧得不成樣子了，張良覺得不大妥當，便勸劉邦還軍灞上。劉邦同意，當即退兵。

劉邦的勝利，的確得益於他能判斷並採納諫言。

直到走出了秦宮，回軍灞上，劉邦才清醒過來——自己雖然拿到了「王關中」的執照，但離掛牌開業還遠著呢！後來的事實證明，這張執照缺乏應有的實力支持。

既然準備「開業」，就得有所表示。於是，劉邦在回到灞上之後，發表了一篇談話：「父老苦秦苛法久矣，誹謗者族（滅族），偶語者棄市（殺頭）。吾與諸侯約，先入關中者王之，吾當王關中。與父老約法三章耳：殺人者死，傷人及盜抵罪。余悉（全）除去秦法。諸吏人皆案堵（安居）如故。凡吾所以來，爲父老除害，非有所暴，無恐！且吾所以還軍灞上，待諸侯至而定約束耳。」

這，就是中國歷史上著名的約法三章，這是劉邦的政治宣言書，也是籠絡秦民的最佳利器。

葛劍雄在《泱泱漢風》中說：「殺人者死，傷人及盜抵罪。這三條法令實際上是無法執行的。因爲一方面，傷人與盜竊程度相差很大，如何各自依照犯罪的輕重來判刑？另一方面，社會上的犯罪行爲很多，遠不只上述三種，百姓犯其他罪怎麼辦？現在能看到的秦律還很多，難道當時都廢了？」

劉邦注重維護的是老百姓的切身利益，但是所謂的「約法三章」，真要執行起來並不容易。換個角度看，從本質上說，「約法三章」只是一個政治口號，如果過度追究，把它當真，難免拘泥。何況，古人也常常以「三」這個虛數表示「多」的意思，這裡也不見得就表示一個實數。

我們知道，競選總統要拉選票，企業發展要充分激勵員工，革命要跟勞苦大眾搞好關係，就連對抗和治療「H1N1」，都得全民動員。何況劉邦要當「關中王」？

這是劉邦的匠心獨具，還是他謀臣們的功勞，正史無法考證。無論如何，這都是在劉邦的旗幟下所採取的成功舉動。憑著這一篇政治宣言書，他給父老、豪傑吞下定心丸，拉攏了秦朝的勞苦大眾。

和平「解放」咸陽之後，劉邦並不輕鬆，「關中王」不是那麼容易當的，他還面臨著許多難題，集中起來有以下幾方面：

第一，秦王子嬰殺不殺？秦朝的官吏如何處置？

假設子嬰負嵎頑抗，處死他名正言順。而若投降的不是子嬰，而是秦二世胡亥，處死他順理成章。可是這位主動投降的子嬰，偏偏在秦人心目中印象還不錯，不久前又設計殺死了人見人恨的趙高。但是，不處死他，諸將不服氣啊！

劉邦的決定，是不殺。

其實，殺不殺子嬰，對劉邦來說真的無所謂，但要是殺了，秦朝那一大批官吏怎麼管束？秦國的那些百姓誰去號令？留下子嬰，就有一個抓頭，此人殺不得。

第二，秦國的財產怎麼處理？

辛苦打拚一番，劉邦也想住到秦宮裡去享受享受，所以他不但讓大家盡情搶劫，自己也賴著不想出來。

雖然最後，他聽從張良等人的勸說，駐軍灞上，把秦國的宮室、財寶交給子嬰這幫人去管理，可事實上，能夠拿得動的東西，早已被他拿走了。將來若有人追究，完全可以一問三不知，一推六二五，算盤倒是打得很精！

第三，怎樣對待秦國的嚴法苛刑？

秦國法網密佈，是套在百姓頭上的沉重枷鎖。劉邦出身於農民家庭，深知下層百姓所受的災難。繼續執行秦法，無疑是跟自己過不去，可要全部廢除，又怕百姓無法無天，不好駕馭。於是他來個「約法三章」，內容簡明扼要，像歌謠一樣好記。「約法三章」雖然只是臨時的規矩，但影響不可低估。

無論是要不要殺子嬰的問題，還是解決秦國財產、法令的問題，他的對策始終圍繞著一個核心，就是人心的向背。能夠籠絡人心的，能夠有利於他當關中王的，就盡力去做，並克制自己的慾望。

因此，進軍途中，他經常表現出不騷民、不擾民的風範。主動與父老「約法三章」，採取一系列的措施，更收到很好的政治效果。

《史記．高祖本紀》載：「（劉邦）乃使人與秦吏行縣鄉邑，告諭之。秦人大喜，爭持牛羊酒食獻饗軍士。沛公又讓不受，曰：『倉粟多，非乏，不欲費人。』人又益喜，唯恐沛公不為秦王。」

「使人與秦吏行縣鄉邑，告諭之」，相當於派遣工作隊、宣傳隊到各縣各鄉，宣傳劉邦的施政方針，務必做到「家喻戶曉，人人皆知」。

宣傳隊、工作隊的組成人員，有劉邦的人，也有原來秦國的官吏，可見劉邦深知，只要秦王子嬰在，秦國的官僚機構和人員都會聽命於他。這就是「用好一個人，就能管住一群人」的道理。

劉邦的一系列舉動，無異於皇帝登基大典時的大赦天下。

通過大規模的「工作」和「宣傳」，「秦人大喜」，紛紛前來慰問軍隊。大概秦國百姓也拿不出什麼好東西，不過「牛羊酒食」而已，對於想奪得一個國家的劉邦來說，算不了什麼，何況安民告示出來前，早已搶掠過一通，因此打著不敢打攪的幌子，謝絕了父老們的盛情。

百姓是最講實惠的，因此更加高興，唯恐他不當秦王。

劉邦拉攏人心的一系列手段，也取得了很好的效果。其中，「約法三章」無疑是施政、治軍的最初綱領，概括起來有五點：

一、入關目的是為了推翻秦皇暴政，拯救天下百姓，不會騷擾人民。

二、楚懷王與諸將約定「先入關中者王秦」，因此劉邦應該為關中之王。

三、秦朝官吏要正常履行職責，共同維護社會秩序，保證百姓安定。

四、廢除秦國一切法律、法令。

五、新法令就是言簡意賅的「約法三章」，大家都要遵照執行。

所有的核心，全在於安定民心、收攏民意，頒布後確實起到了廢除苛法、安定人心的作用，得到秦地百姓和豪傑的擁護。楚、漢相爭還未真正開始，就先為劉邦注入了漢勝楚敗的關鍵因素。

儘管後面的路還很長，劉邦已經得到了兩張無可匹敵的政治選票：一個是「先入關者王秦」的政治優先權；一個便是「約法三章」帶來的民眾效應。

第12章

鴻門宴來也

鴻門宴之所以成為千古名宴，並不是吃龍肝鳳膽，喝玉液瓊漿，而是在這場便宴上，政治風雲驟起，劍拔弩張，明爭暗鬥，怵目驚心，對劉、項相爭產生了重要影響。

留得青山在，不怕沒燒柴。有道是，好漢不吃眼前虧，大丈夫能伸能屈，屋簷底下不得不低頭。硬的不行，軟的行！

陳勝因爲急於稱王，力量逐漸消耗；項梁在取得勝利之後得意忘形，高估了自己的力量，結果樂極生悲，遭到潰敗；李斯不知功成身退，反想更上一層樓，最後陷入趙高的陰謀……

在在說明，處在優勢時，更要保存實力，把目前的事情做好。最忌得意忘形，去做那些時機尚不成熟的事。

在這方面，劉邦無疑比其他人高明得多。

楚漢相爭的開篇，是一場宴會。項羽手下的項伯、劉邦手下的曹無傷，都不爲自己的主子。真是敵中有我，我中有敵啊！

楚漢相爭，項羽對劉邦，范增對張良，四十萬對十萬，強對弱，硬對軟。一開始的局勢對劉邦極爲不利，他是怎樣撈分的呢？

劉邦採納酈食其、張良、樊噲等人的計策，很快攻入咸陽，宣佈秦王朝的滅亡。劉邦和他的文武臣僚們爲了更進一步逐鹿天下，封閉秦王朝宮室府庫，還軍灞上，約法三章，收買民心。

項羽坑殺二十萬降卒同時，劉邦聽人勸說，派兵把守關隘。《史記》等書只記載說是「小人」叫他這樣幹的，野史則說這人是樊噲。

樊噲也想弄個將軍、元帥當當，便勸諫劉邦說：「秦國之富裕是天下十倍，地勢險要，足以爲王。如今項羽收降章邯，封爲雍王後，又率兵西進，顯然想違背懷王約定，佔領關中。不早點想辦法，大軍就要來了！」

劉邦急了，「項羽如果率兵前來，我就不能當關中王了！怎麼辦呢？」

樊噲說：「立即派兵把守函谷關，不准諸侯大軍入關，再徵集關中之兵固守，這樣大概就行了。」

劉邦聽從，派兵據守函谷關，不准諸侯大軍出入。

項羽大軍來到函谷關下，見城門緊閉，不讓人出入，又聽說劉邦已經平定關中，心中一時火起，下令英布率兵攻關。

英布驍勇，兵強馬壯，不到一日，函谷關即被攻下。項羽帶領大軍進入關中，時間是公元前二〇六年十二月，駐軍在「戲」這個地方。

這時，劉邦部下左司馬曹無傷暗遣使者密告項羽：「沛公準備爲關中之王，封秦王子嬰爲相，獨吞了秦國所有金銀珠寶，並且派兵守關，不准諸侯大軍入內。」

左司馬這一官位雖然不高，但是主管軍事機密，所以知道劉邦的具體部署。

曹無傷的密報，猶如在汽油中扔下一顆火星，項羽勃然大怒。

謀士范增也在一旁煽風點火說：「劉邦在山東老家時，貪財好色，鄉間之人都很討厭他。如今進入關中，不取財物，不納美女，還與秦地百姓約法三章，志向顯然在於奪取天下。我夜觀天象，劉邦之氣，皆成龍虎，五彩繽紛，這是天子之氣。將軍必須儘快出兵攻打，否則後果嚴重。」

項羽當即下令：「明日犒賞三軍，攻打劉邦，爲我出這口鳥氣！」

各路將領接到命令，自去準備。

項羽軍中有一個人物，叫做項伯，是項羽叔輩，與張良有深交，曾經殺人，因爲得到張良的幫助，才逃得性命。項伯一聽命令，心中想起張良，反覆思考對策。張良現在劉邦軍中，兩軍交戰，必然玉石俱焚。如果差人密報，唯恐於事無補。如何是好？

思來想去，項伯決定親自走一遭。

當時項羽共有兵卒四十萬，號稱一百萬，駐紮在新豐鴻門。劉邦兵卒只有十萬，號稱二十萬，駐紮在灞上。兩地相距大路四十里，小路只有二十里。

夜幕降臨，項伯獨自騎上快馬，藉故走出軍營，連抽兩鞭，四蹄騰空，向灞上飛奔而去。二十里路，快馬奔走，無須半個時辰便到，卻被劉邦副將夏侯嬰攔住去路。

夏侯嬰問：「你夜半三更騎馬過來，身邊又沒有僕人，來做什麼？」

項伯說：「我是張子房好友，有急事相見。」

夏侯嬰於是帶項伯去見張良。首先差把門小校傳報守門官，守門官傳報中軍左哨，而後夜巡擊柝三聲，中軍左哨小角門半開，一名健將高聲喝問：「有什麼軍情？」

項伯看到旗幟排列，營壘整潔，隊伍井然有序，心中尋思：劉邦的確非同小可！范增曾說他將來必然大富大貴，看軍營佈置，此言不虛。

夏侯嬰忙上前回答：「我尋哨遇到一男子，不知姓名，自稱子房舊友，匹馬隻身，未帶兵器，不敢擅入，專候台旨。」

那位健將又進去報告。

張良正與劉邦在內屋議事，忽聽報告：「子房先生故友在外，急欲求見！」急出一看，見是項伯，急忙邀入中軍外屋，命士卒獻茶。

項伯令張良摒退士卒，立即告知項羽明日準備攻打劉邦之事，拉著他就要起身，說：「不跟我走，恐怕玉石俱焚！」

張良留住項伯說：「沛公從韓王那裡借我隨軍作爲謀士，而今遇到如此緊急之事，一走了之，太無情義！我應該先去告訴沛公。」

張良急入內室，劉邦聞訊大驚失色，忙問：「這該怎麼對付呢？」

張良問：「誰給沛公出此下計？」

劉邦不肯說出樊噲，隨口道：「有小人對我說：『派兵守關，不納諸侯，秦國故地可以稱王而治。』我就聽了。」

張良說：「沛公細想，你的兵馬能夠抵擋項王的兵馬嗎？」

劉邦默然，「當然不能。這事到底應該怎麼辦呢？」

張良說：「和我一起去見項伯吧！請他轉呈項王，說你不敢背叛。」

劉邦不解，「先生怎麼與項伯有如此深厚的交情？」

「往昔在漸江的時候，項伯殺人，我想方設法救了他。今天遇到此等急事，他特地前來告訴我。」

「他與你，哪一個年長？」

「項伯比我年長。」

「先生替我請他進來，我以兄長之禮接待他。」

張良又囑如此如此，劉邦心領神會。

張良出見項伯，說：「請兄見沛公一面，沛公有事相告。」

項伯說：「我這次來此，是爲了子房您，何必見沛公？」

張良說：「沛公是一位忠厚長者，不可不見一面。」再三懇請。

項伯只好和張良入見劉邦。劉邦整衣迎接，奉爲上賓，並置酒款待，彼此猜疑之意漸消。經過一番感情醞釀，劉邦才說：「我自從入關以來，秋毫不敢有所犯，登記百姓戶籍，封庫鎖倉，日夜盼望項將軍到來。我之所以派遣將領據守關隘，是爲了防備秦國餘黨和其他盜賊，專候將軍入關，哪裡說得上反呢？希望您把我的這些苦衷告訴項將軍，說我劉邦不敢忘記他的大恩大德。」

項伯答應說：「明日早上來鴻門拜見項將軍，冰釋前嫌。沛公所言，我必定轉告，料想項將軍不會見罪。」

夏侯嬰派軍卒送項伯回新豐鴻門。項伯回到軍中，立即去見項羽。

項羽問：「叔父深夜到來，有何大事？」

項伯說：「我有故友張良，本是韓國公子。當年我殺人之後，全仗他得以活命。如今劉邦從韓王那裡借他爲隨軍謀士，恐怕兩家交兵，此人難保活命，所以剛去跟他說，叫他迴避，順便瞭解劉邦入關之情。張良跟我說，劉邦先入關中，並無毫釐他意，遣將守關，只是爲了防備秦國餘黨，不是爲了拒楚。所有寶物、美女、糧食，都封鎖不敢擅動，秦王子嬰也不敢擅自處置，專等你到來。我想，如果不是劉邦率先入關，我們又怎麼能兵不血刃，輕易入關呢？這是劉邦的大功。如今他有大功，我們卻聽信小人之言，反要加害，恐怕於理不順。他明日要親來軍中謝罪，項將軍可以從容相待，這樣才不失天下大義。」

項羽說：「依照叔父之言，劉邦好像沒有大罪。如果興師動眾，恐被諸侯恥笑。」

范增跳出來反對，「我勸將軍消滅劉邦，是因爲劉邦入關以來，約法三章，企圖收買民心，志向是要奪取天下。如果不趁早翦除，恐生後患。老將軍被張良說詞欺瞞，不可全信。望將軍三思。」

項伯回答說：「先生要殺劉邦，還怕沒有妙計？何必採取軍事行動，遭天下諸侯咒罵？」

項羽點頭，「叔父之言有理，先生再當定計。」

范增說：「我有三計，可殺劉邦，望將軍取捨。」

項羽問其詳。

范增說：「第一計：派人請劉邦到鴻門赴宴，未入席時，將軍就責問他入關之罪，他不能回答，立即斬首，這是上計。第二計：若將軍不便自己動手，可以埋伏二百名刀斧手，劉邦入席以後，我舉所佩玉玦爲號，項王喚出伏兵殺之，這是中計。如果二計不成，可派一人斟酒，把劉邦灌醉。此人是個酒徒，酒後必然失禮，趁機殺之，此爲下計。依此三計，劉邦必死無疑。」

項羽道：「三條計策都用，我看劉邦怎麼逃過殺身之禍！」語罷傳令大小將校做好充分準備，專候劉邦自投羅網。

再說項伯走後，劉邦急傳張良、酈食其、陸賈、蕭何等人計議。他說：「明天去項羽軍中之事，的確生死所繫。不去，項羽派兵攻打，勢難抵敵；去了，又怕掉進陷阱，恐怕難保性命。各位認爲該怎麼辦呢？」

蕭何說：「項羽兵多將廣，難以抗衡。不如修書一封，派一個能言善辯之人，將關中所有送給他，另求一郡，再修整兵戎，等候時機。」

酈食其說：「我願下書，遊說項羽。」

陸賈表示願隨酈食其同行。

張良卻說：「諸公之言，恐非上策。昔日伍子胥保護平王赴臨潼，會見十八路諸侯，受到天下人尊敬。藺相如使秦，最後完璧歸趙，天下人稱讚不已。目前我們的勢力雖然不及項羽，但是也不至於害怕到如此地步，這樣做，在諸侯面前就失了威信。我雖然不才，願隨沛公去赴明日之會，包管教范增無法用其謀、項羽無法施其勇，無事而回。他日若為天下之王，也可名正言順。」

劉邦喜道：「全仗先生神機妙算！不入虎穴，焉得虎子？看來也只好親自到虎穴裡走一遭了。」

第二天早晨，劉邦帶著張良、樊噲、夏侯嬰等人和百餘輕騎，一路惶恐不安地去鴻門。途中，劉邦又把張良叫到面前，說道：「我對今天此行十分憂慮，唯恐不測。先生何以處之？」

張良信心滿滿地說：「沛公放心，我自有辦法。儘管記住昨日應答之語，照此回答，自然平安無事。」

距離鴻門尚有五里之遙，一支軍馬迎面而來，但見干戈燦爛，甲士赳赳。為首將領英布大呼：「我奉魯公之命，前來迎接沛公！」

雙方下馬施禮，繼續前進。來到軍營大門，陳平出門迎接，立在道旁。

劉邦正準備進去，卻見軍中甲士林立，金鼓大作，不由心生懼意，對張良說：「魯公營內戒備森嚴，全無平日氣氛，不可入內。」

張良胸有成竹地說：「既然到此，進則有理，退則無路。退後一步，必然中計。沛公不妨暫時待在這裡，讓我先進去看看。」

說完，張良緩步徐行。丁公、雍齒兩將把守軍門，不放他入內。張良道：「請報告魯公，有沛公借士張良求見。」

丁公進入軍中見項羽說：「門外有沛公借士張良求見。」

項羽不解，「什麼叫借士？」

范增說：「張良是韓國人，五代為韓國臣下，見多識廣，如今跟著沛公為謀士。這人此來必是遊說，魯公可先殺此人，這樣就如去了沛公一臂。」

項伯聽說此言，急忙說：「不能如此！魯公剛入關內，正要收買人心，人才雲集，才能成為霸主，怎麼能無故殺害賢人？張良與我關係甚厚，如果魯公喜愛，我可以勸說。」

項羽吩咐丁公請張良入內。張良來到帳中，只見項羽全身披掛，手握劍把，似乎隨時都會一躍而起，模樣相當嚇人。

他不慌不忙地說：「我曾經聽說，古代明君治理天下，耀德不揚兵；善於治理天下的聖人，重德不用兵。如今魯公在鴻門接見諸侯將領，一件義舉。我原來以為，這裡一定歌竹管弦，笑語歡聲，猜拳行令，盡醉而歸。想不到我來到這裡，甲兵林立，刀劍森森，金鼓震天，殺氣騰騰。這種情境，令人不寒而慄，人各思歸。魯公在鉅鹿破釜沉舟，九戰章邯，勇冠三軍，天下聞名，誰不知道？誰不害怕？哪裡用得著這樣大張聲勢來顯示您的威嚴？各路諸侯都在外面，看到魯公全無賓主之禮，害怕而不敢前進。借士張良冒死入營，特請魯公三思。」

古今齊說，褒貶共用，在場之人全都無言以對。

項羽認為張良有理，令甲士盡皆退去，請賓客進營，並下令各位將領只准帶文臣或武將一名，作為侍從應答。

張良出外，跟著劉邦重新進營。劉邦不敢如以往日兄弟相稱，急忙趨步階下，鞠躬下拜，說：「劉邦謹候魯公麾下！」

項羽厲聲問曰：「你有三罪，知道嗎？」

劉邦說：「我只不過是沛縣治下一個亭長，偶然之間被眾人推為首領，率兵伐秦，幸而投到魯公麾下，凡是有所進取，全靠魯公指點，哪裡膽敢妄為？」

項羽說：「你招降秦王子嬰，又將他釋放，只知道自行其事，而不知楚懷王之命，這是第一罪；你為了收買人心，私改秦法，這是第二罪；遣將守關，阻止諸侯之兵，這是第三罪。你犯有如此罪過，怎麼還說不知？要我來提醒你嗎？」

劉邦再三叩首，回答說：「容我一言，說明心曲。秦王子嬰，心悸投降，如果我擅自殺死，可以說自作主張，而今只暫令官吏看管，專等魯公發落，不敢釋放。秦法苛刻，多年危害天下人民，百姓如處水深火熱之中，日日盼望拯救，秦法多存一日，百姓受罪一日。我急於更改秦法，正是爲了宣揚魯公之德，百姓都說：『前部入關者都能撫愛百姓，而主帥到來，更能撫愛百姓！』至於派兵把守關口，絕不是爲了阻擋諸侯，更不敢阻擋魯公，只是爲防備秦國餘黨。我劉邦實在是無意中進入關中，今天與魯公相會於此，實是大幸。之所以會有這樣的誤會，全都是小人造謠生事，要讓魯公與劉邦產生嫌隙！」

項羽個性剛直，一生最怕弱者，最喜奉承，最恨強者，聽了這一席話，怒火頓消，信口道：「不是我有心責怪，只因你帳下曹無傷這樣說，所以知道你有此三罪，否則怎麼會到這般地步？」說完便走下座位，親扶劉邦入座，命設酒招待。

項羽、項伯坐在西面，坐了主席；范增坐在南面，坐了陪席；劉邦坐在北面，坐了客席；張良站在劉邦一側東向，作爲侍者。大家一面飲酒，一面說些閒話。

范增見第一計不成，於是按照預先的約定，舉起所佩玉玦示意多次。可項羽見劉邦謙遜柔和，對自己畢恭畢敬，已無殺心，便不理會。

范增見第二計又失敗，不得不採用下策，以目示意陳平斟酒。

陳平向前勸酒，邊細看沛公，高鼻龍相，相貌大貴，心下尋思：此非常人也！他日定當大貴。若順從范增意圖，恐怕背逆天意。

陳平斟酒，倒入項羽杯中多，倒入劉邦杯中少。劉邦也會其意，雖然有些酒意，但仍不失禮。

范增見三策都失敗，心中自歎：今日不殺劉邦，他日必成大患！

一計不成，又生一計，他避席而出，準備去尋找一個武將，藉舞劍之機殺死劉邦。一出帳門，正好看到楚將項莊，項羽宗族一員。

范增把項莊叫到人少之處，附耳低聲道：「魯公爲人性剛，但心不忍。今日的鴻門宴本是爲了誅殺劉邦而設，但是我再三舉佩玦，魯公全不理睬。如果今天放走了劉邦，將來絕無如此良機。你可進入席前，請求舞劍爲樂，乘機殺死他，否則，來日我們都會成爲他的俘虜。」

項莊應允，待范增入座之後，大步走到項羽、劉邦席間，叩禮說：「軍中之樂不足觀，我請求舞劍給魯公助興。」

項羽隨口說：「好！」

項莊拔劍起舞，意在沛公。張良看出有異，知道項莊企圖藉舞劍擊殺劉邦，急忙用眼神示意項伯。

項伯知他之意，出席拔劍說：「舞劍須對舞才好看，劍鋒交錯，奪目爭輝，足可如諸位之意。」

項羽也隨口說「好」。

項伯仗劍與項莊對舞，時時用身子像羽翼一樣護住劉邦，讓項莊無法如願將其擊殺。另一方面，張良見情況危急，急忙出席，想去軍門喚樊噲。

丁公、雍齒攔住他，「先生要去哪裡？」

張良說：「欲出取玉璽。」

陳平跟在後面，已知其意，便高聲說：「魯公性急，快放子房先生出去！」丁公等人只得放行。張良急忙找到樊噲說：「如今項莊舞劍，意在擊殺沛公！事情很急，將軍快入救！」又細囑須如此如此。

樊噲開步欲行，張良忙阻止說：「等我進去之後，你再闖進營去。」

一會兒後，樊噲見張良已進軍中，來到門口大呼：「鴻門大宴，我為隨從，怎能無份？我要見魯公討些酒飯充饑！」說完，帶劍擁盾而入。

丁公等人企圖阻擋，但怎擋得住樊噲神力？他輕鬆推倒守門眾兵士，一下子直入軍中，披帷而立，頭髮上指，目眥盡裂。

項羽忙問：「壯士何人？」

張良答：「沛公驂乘樊噲！」

項羽又問：「你來這裡做什麼？」

樊噲說：「聽說魯公舉行慶賀滅秦大宴，無論大小，都有酒食，但是我從早上到現在都還沒有用餐。肚中饑渴，實在難忍，特來求魯公賜飲。」

項羽命左右賜酒一大杯，樊噲一飲而盡。又命賜一豬腿，他直接用劍切來吃。

項羽說：「壯士，能夠再喝酒嗎？」

「我死都不怕！一杯酒算什麼？」

項羽再問：「你準備為誰死？」

樊噲說：「秦王有虎狼之心，殺人恐怕不多，刑人唯恐不夠，因此天下百姓盡皆反叛。懷王與諸將約定『先破秦入咸陽者王之』。如今沛公攻破秦國，進入咸陽，秋毫無犯，封閉宮室，還軍灞上，專候魯公到來，派將守關，好防備盜賊。沛公勞苦功高如此，未得封官委爵之賞，魯公反而聽信小人之言，要誅殺有功之人，這跟秦王有什麼差別?而今二將表面上是舞劍，暗地裡卻想刺殺沛公!我要替沛公申此不平，就算死也無所謂！」

項羽回嗔作喜說：「沛公有這樣的驂乘，真是勇士！」說完，下令項莊停止舞劍。須臾，劉邦見項羽已醉，推說上廁所，招樊噲一起出去。丁公和雍齒又是攔住不放。張良急忙說：「魯公傳令，諸侯將校不勝酒力，下旨放出。」

陳平也適時從後面出來，急呼：「放沛公出去！」

劉邦到軍營門外，問：「如今出來，還沒有向魯公告辭，怎麼辦呢？」

張良即用眼示意樊噲。樊噲說：「大行不顧細謹，大禮不辭小讓。如今人為刀俎，我為魚肉，有什麼可辭的呢？」

劉邦想了想，令張良留下來致歉。

張良問：「沛公可有帶什麼東西作爲禮品？」

劉邦說：「我帶來白璧一雙，準備獻給魯公；玉斗一雙，準備獻給亞父范增。但是他們正在發怒，不敢當面奉獻，先生替我獻上吧！」

張良答應。劉邦不敢耽擱，帶著樊噲、夏侯嬰等人，沿著驪山山腳下小道逃回灞上去了。張良估計劉邦已到軍中，才進入中軍去見項羽，致歉說：「沛公不勝酒力，不能面辭，特叫我奉白璧一雙，拜獻給魯公；玉斗一雙，拜獻給大將軍足下。」

項羽問：「沛公現在哪裡？」

張良說：「聽說魯公有意責過，已經脫身而去，從小路回到軍中去了。」

項羽沒說什麼，把雙璧放在座位上。范增拔劍將玉斗劈碎，說：「唉！豎子不足與謀！最後奪得天下者，一定是沛公。」

劉邦回到軍中，立即派人將曹無傷抓來，大罵一通，立地斬首。項羽的一句話，葬送了一個大好的內奸。

回顧這一宴，的確驚心動魄。

劉邦因功獲罪，張良一而再再而三叫他退、退、退，最後逃席而去。雖然有點狼狽，至少撿回了小命。

項羽推行霸權主義，可卻由於婦人之仁，一誤再誤，縱虎歸山，終成爲後患。范增計不成二計，二計不成三計，遺憾由於項羽的反覆不定，弄到黔驢技窮。

這就是千古名宴——鴻門宴。

鴻門宴之所以成爲千古名宴，並不是吃龍肝鳳膽、喝玉液瓊漿，而是在這場便宴上，政治風雲驟起，劍拔弩張，明爭暗鬥，怵目驚心，對劉、項相爭產生了重要影響！

劉邦的脫逃，有必然性，也有偶然性。

項羽外表是一個奇人，內心卻是一個平凡的人。劉邦正好相反，外表是一個俗人，內心卻是一個偉人，見風使舵，見縫插針，見人說人話，見鬼說鬼話，環境一變他就變，該進時伸頭，該退時縮頭，他才不管面子不面子的。

項羽不懂政治鬥爭的藝術和實質，心直口快，一句話賣了曹無傷。一味仗恃武勇與實力，最終也只能爲將，難以爲帥爲臣，更難以爲君。

第13章

再當一回孫子

劉邦說：「大王新定大位，不敢早奏。可如今各路諸侯都歸家就國，去孝敬父母，單獨留下我在咸陽，究竟何日才能見到父親？」說到傷心之處，禁不住弄假成真，哭泣起來。他的後世子孫劉備也善於哭哭啼啼，可能是一種遺傳。

鴻門宴後，項羽大軍開進咸陽，劉邦只得叫秦降王子嬰重新向項羽投降。子嬰不得已，再度乘坐喪車，素巾纏頭，二繩繫背，向項羽伏地請罪。

仇人相見，分外眼紅，項羽厲聲大喝：「暴秦殘滅六國，荼毒天下百姓，至今遺禍於你，你有什麼話說？」

子嬰叩頭說：「廢除六國是秦始皇帝所爲，殘害天下百姓，實屬秦二世皇帝罪惡，下臣我從未參與……」

項羽與秦國有滅國之仇，殺親之恨，哪裡有心聽他訴說，喝令下手。英布一刀把子嬰揮爲兩段。

秦民素來兇悍無比，對子嬰懷有感情，今見他被項羽殺害，齊聲大呼：「沛公仁德，萬代爲君！項羽殘暴，斷子絕孫！」

項羽大怒，下令誅殺咸陽百姓。

范增趕到項羽馬前，連聲大呼：「不可，不可！」

項羽虎目圓瞪，氣勢相當恐怖。

范增說：「劉邦入關，秋毫無犯，約法三章，已然攫取民心。大王未施恩信，先殺子嬰，現在又趕殺秦民，這樣會失去天下人心的。」

項羽不以爲然，反駁道：「我率天下諸侯共誅暴秦，秦王子嬰是暴秦首惡，殺他爲天下之人報仇雪恨，怎麼不該殺？秦國刁民齊聲毀辱，公開叛逆，一日縱敵，萬世爲患，如何不殺？」

范增又說：「昔日魯侯妄殺一個無辜宮女，帶來九年乾旱；齊景公錯殺宮妃，高台坍崩數里，化爲飛蝗殘食五穀。古人曾經說過：『一夫銜恨，六月飛雪；匹婦含冤，三年不雨。』大王切莫屠戮天下生靈！」

他在這裡苦勸，咸陽百姓在那裡高喊不止，項羽怒上加怒，下令大軍儘快殺戮，論功行賞。

一聲令下，秦王公族、百官百姓，被殺之人何止成千上萬！范增見此慘狀，放聲痛哭。七十多歲老人的悲聲，自有一番揪肝裂膽的感人力量。他接著向前抱住項羽馬頭，拚命死諫：「湯王時天遭大旱，湯王把自己當成祭品，自祀於桑林之野，痛心自責，連續三日天降大雨。湯王姑且捨身爲天下百姓，秦民有什麼罪過？竟遭此殺戮！今日一旦屠城，上天不助，大王難道不怕上天降罪？」

項羽本是鐵石心腸，但他一怕上天，二怕見人流淚，便下令收兵。

可是，殺人不盡興，難以發洩心中仇恨，便命令兵將點火，燒了秦王宮與阿房宮，大火此伏彼起，三月不絕。

如此還沒完，他接著派兵燒了秦始皇帝陵，派大軍挖墳，搬取財物，一月不絕。幸好這座墳墓修造得太堅固，沒能打開地宮挖到秦始皇的屍體，否則後人就見不到壯麗的西安秦始皇陵兵馬俑了。

殺了一番，燒了一通，搶了一陣，國恨家仇已報，項羽頓時覺得「拔劍四顧心茫然」，有一種「有力無處使」的感覺，想來想去，決定分封諸侯，「衣錦還鄉」了。

項羽封劉邦為漢王。劉邦回到駐地，大怒說：「封我當關中之王，建都咸陽，這是懷王早就跟諸侯約定好的！如今卻讓我去那流放犯人之地，當什麼漢王，關山阻絕，峻嶺崴嵬！那裡哪是什麼建國立朝之地！」

平常笑哈哈的劉邦，此時此刻也不禁怒氣沖沖！

底下有人回應說：「巴、蜀自古是秦國流放罪人的地方，沛公先入咸陽，應該當關中王，怎麼反而去了漢中？這一定是范增那個老賊的陰謀詭計！」

又有人提議：「與其去那流放罪人之地送死，不如組織人馬，與項羽抗爭，要求他按懷王與諸侯之約辦事，或許可以避免老死漢中的命運。」

樊噲高叫：「說得是！我為先鋒，一起去殺霸王！」

蕭何卻說：「到漢中為王，條件的確艱苦，但總不至於死。」

劉邦反問：「為何不去漢中就是死？」

蕭何回答說：「項羽大兵四十萬，我軍才十萬，百戰百敗，哪能不死？居一人之下，萬人之上，立信自強，這樣的事，只有商湯、周文等聖賢才辦得到。漢王去漢中為王，撫恤百姓，招羅賢才，以巴、蜀為基地，早日還定三秦大地，天下可圖，何必要逞一時之氣？」

「三秦大地」就是關中大地。項羽分封章邯、司馬欣和董翳爲雍王、翟王和塞王，三人都是秦國降將，所得封地正是原先秦國之地，所以人們把這塊地方稱爲「三秦」，或「三秦大地」。

張良也勸諫說：「巴、蜀、漢中雖然是秦國流放罪犯之地，但是這個地方內有崇山之固，外有峻岩之險，進可以攻取天下，退可以據險自守。楚國即使有百萬大兵，又怎麼能奈何得了漢王你？而且巴、蜀大地沃野千里，曾爲秦國統一中原提供了大量的人力、物力，正是漢王興起之地，養兵之所。大王應該欣然聽命，走得越快越好，早日離開是非之地。眼下如果稍有不滿，項羽必然尋事陷害。項羽勢強兵廣，現在根本無法與他抗衡啊！」

劉邦聽完，急忙站起來說：「如果不是先生之言，我差點又犯了大錯誤！」

酈食其也說：「漢王居住漢中有三大好處，居住關中有三大害處。三大好處是：巴、蜀、漢中道路艱險，消息不靈，其他人不知道大王的虛實，這是第一利；巴、蜀、漢中地形起伏大，山高路陡，操練出來的士兵善於攀山越嶺，有很好的適應性，此乃第二利；漢王所屬兵將，都是關東之人，去了漢中，遠離家鄉，人心思歸，人人努力，眾人拾柴火焰高，是爲第三利。至於三大害處：關中之地雖然靠近故鄉，但是緊靠韓國、魏國，國內有什麼舉動，容易洩漏，這是第一害；漢王如果起兵攻楚，項羽、范增等人肯定早就知道深淺，自然嚴加防範，必會生出不測之禍，此是第二害；人心變化，沒有一個人不喜歡強大而厭惡弱小，如果看到楚國強大，偷偷逃亡，漢王用什麼方法加以制止呢？這是第三害。漢王應該忍辱負重，臥薪嚐膽，天下可圖！」

劉邦大喜，說服部下武勇，積極準備建國。

他在這裡一忍再忍，不料范增又出了一個鬼點子。

范增深信天命，忽然想起劉邦是火命，所以斬白蛇、樹紅旗。如今居住漢中為王，正是西方。西方為金，火煉金，必然要成大器。

他急忙去見項羽，說：「大王封劉邦為漢王，他心中十分不滿。他的將領都是關東之人，人人都忿忿不平，以為大王背約分封。如今不除，必為後患。」

項羽說：「分封詔書已出，天下大局已定，何必又生此舉？」

范增說：「我有一計：明天各位諸侯來見大王，大王就問劉邦，『我封你為漢王，你去不去漢中？』他如果說『去』，大王就可定他圖謀不軌之罪；他如果說『不去』，大王就定他抗旨不遵之罪，即可斬之，除去此害！」

第二天，各路諸侯王來朝。禮畢，項羽果然問劉邦：「漢王，我封你去漢中，你去，還是不去呢？」

劉邦不敢說「不去」，但也不願說「去」，靈機一動說：「我食君王之祿，命運全掌握在君王手裡，怎麼好說去還是不去？我就像大王的馬，鞭子抽，我就往前走；拉住韁繩，我就停步待命。」

項羽笑著說：「漢王真會打比方！」這幾句話滿足了他的虛榮心，心中的殺意又一次被消除。

劉邦回到漢王營，張良急忙入見，問：「漢王知道今天的危險嗎？」

劉邦驚訝道：「今天又有什麼危險？」

張良說：「漢王真是洪福齊天！剛才霸王問您去不去漢中，如果大王回答『去』，霸王就會定你『圖謀不軌』之罪；如果大王回答『不去』，他就會定你『欲王關中』之罪。如果您不是善於應對，今日定遭殺身之禍，真是天意！」

劉邦聽了分析，心中十分害怕，忙向張良問計，只求早日離開這是非之地。

張良說：「我馬上就去找項伯和陳平，商議脫身之計。漢王做好準備，等到霸王下令，立即起身，可免禍害。」

張良私見項伯、陳平，詳細述說范增企圖加害劉邦一事，求告說：「漢王如今要去漢中就國，但尚無脫身之計。倘若他平安無事去漢中，絕不會忘記今日相助之情。」

陳平沉思半晌，附耳低聲述說巧計。張良大喜，催請用計。

項羽當上西楚霸王，封范增爲丞相，號爲亞父，封項伯爲尚書令、鐘離昧爲右司馬、季布爲左司馬、龍且爲大司馬、丁公爲左將軍、雍齒爲右將軍、陳平爲都尉、韓生爲左諫議、英布爲引戰大將。韓信則被封爲執戟郎，大概相當於警衛隊長。

項羽分封諸侯之前，尊楚懷王爲義帝，以「古之帝者，地方千里，必居上游」爲由，勸義帝遷都郴州，自己遷都彭城。但是義帝一直不肯動身，項羽心懷不滿，召集楚國群臣商議。

陳平趁機出班啓奏：「天無二日，國無二君，民無二主。如今大王已經頒詔改懷王爲義帝，分封天下，卻又向懷王請命，這是國有二君。百姓盡皆傳言，當今天下是以臣封臣，古今罕見。這樣，大王的威信不足以征服天下。依下臣愚見，應派丞相亞父帶領二位驍將趕赴彭城，催促義帝起身，放置偏僻之地，從此不用請命。」

陳平爲了幫助劉邦，特向項羽獻上此計，使范增離開，以便用計。

項羽聽了陳平啓奏，正合心意，立即下旨，令范增帶著桓楚、英布趕赴彭城，催促義帝速往郴州，並將彭城修飾整齊，表示難忘故地之情。

范增不便違命，只得先去準備，然後辭別項羽。

范增說：「我如今遵命前去彭城，唯恐左右蒙蔽大王。我有三事上諫，大王定要留意：第一，大王千萬不要輕易離開咸陽。關中自古就是建都之地，天府之國，沃野千里，進可攻，退可守。第二，大王應該重用韓信，此人有元帥之才，只是時運不濟，大王選拔重用，必能橫行天下，所向無敵。如果不想重用，不如趁早殺之，以免讓他再投他人，遺害無窮。第三，大王不應該讓劉邦去漢中，暫且留他在咸陽，等我回來，再做處斷。這三件事非常重要，一定切記！」

項羽應允說：「亞父速去速回，這三件事我牢記在心。」

范增即日帶著桓楚和英布奔赴彭城。

范增走後第二天，陳平上表項羽，聲稱各路諸侯雲集，每日費用極大，唯恐關中百姓難以支撐。

項羽看完奏章，立即傳令：「新封各路諸侯王，五日之內都必須各就封國，漢王劉邦和韓王姬成暫留，再做計議。」

張良與陳平謀劃，本想勸項羽遣派諸侯就國，劉邦也可趁機去漢中，想不到人家會來個「漢王劉邦除外」。張良一聽，大吃一驚，心想：漢王危險了！如果范增從彭城回來，必然會想方設法加以謀害，怎麼還能夠去就國呢？

事不宜遲，張良急忙去見劉邦。

劉邦說：「霸王下令新封諸侯就國，但卻將我除外，一定是要設法謀害，先生你看該怎麼辦？」

張良獻計說：「漢王老小都在沛豐，明天您上書霸王，要求去老家搬取老小，我自有計策拯救大王。」

劉邦即令酈食其作書，次日去見霸王，要求回沛縣搬取家小。

項羽說：「漢王要去沛豐搬取老小，這也是孝子之意，但恐怕不是出於本心。是不是因為昨天我叫你暫留咸陽，所以今天來上書？」

劉邦說：「我父親年老，母親已逝，家中無人孝敬，日日都在思念。大王新定大位，不敢早奏。可如今各路諸侯都歸家就國，去孝敬父母，單獨留下我在咸陽，究竟何日才能見到父親？」說到傷心之處，禁不住弄假成真，哭泣起來。他的後世子孫劉備也善於哭哭啼啼，可能是一種遺傳。

張良啓奏：「不讓漢王回家搬取家小，那就讓他去漢中爲王吧！大王可派人去抓劉老太公一家作爲人質，包管漢王不敢生出二心。」

項羽說：「把漢王留在咸陽，沒有叫他就國，就是怕他心生異志。」

陳平趁機說：「大王既然已經分封劉邦爲漢王，佈告天下，又把他留在咸陽，恐怕失信於天下。不如聽從張良勸諫，叫人把劉太公一家老小抓來咸陽爲質，叫漢王去漢中爲王。一可取信於人，二可管住劉邦，可謂兩全其美。」

項羽一聽，覺得有理，說：「既然這樣，就去漢中爲王，不得去沛豐搬取家小。」

劉邦聽說，假意哭泣，拜伏在地，久久不起。

項羽說：「你先去漢中就國，等我遷都彭城之後，派人將你老小接去彭城贍養，那時你再來迎接，也不失孝敬之意。」

劉邦只得拜謝，說道：「感謝大王聖恩，今生不敢忘記！我今日就此告辭，趕到漢中去！」說完，快快告辭回營。

楚將鐘離昧聽說項羽放了劉邦，急忙勸諫說：「亞父臨走之日，告誡大王不可讓劉邦去漢中，如今怎麼忘了？」

項羽說：「扣住劉邦一家老小，就可以管住劉邦了，又何必硬要爲難仁呢？何況封詔已經佈告，怎麼能聽信亞父一言，讓我失信於天下呢？若不放心，再派人傳令，只准劉邦率領三萬人馬就國，其餘人等全部留下。」

鐘離昧與韓信是好朋友，退下後與韓信商議此事。

韓信感歎說：「讓漢王去漢中就國，又不准攜帶家小，正中了他的詭計。日後漢王藉口思念父母，率領三軍之眾東進，我們都要成爲他的俘虜。可惜亞父金玉良言，如今全成畫餅了！」

卻說劉邦回到營中，吩咐三軍正要啓程，忽然接到項羽旨令，只准帶領三萬人馬隨行。已經到了如此地步，張良、蕭何、酈食其一班謀臣，只得勸他一忍再忍。好在長期跟隨劉邦的士兵不多，大都是原來陳勝、項梁手下散兵，經過挑選，只帶三萬精幹兵士，其餘全交給了項羽。

關中父老聽說劉邦要去漢中，挾老攜幼，哭哭啼啼，都來送行。劉邦再三撫慰，大家送了一程，還要送一程。

蕭何出面勸說：「霸王法度十分嚴格，你們不要遠送，恐怕因此受到連累。」

劉邦告別關中百姓，張良令樊噲等人催動大軍飛速前進，經安平、扶風、鳳翔、寶雞、散關，到鳳陽，入棧道。

棧道是在懸崖峭壁之上，用木材依山勢架成的「橋樑」，乃巴、蜀、漢中通往關中的要道。劉邦士卒大都是關東之人，哪裡見過如此高山深谷，艱險道路？一時間議論紛紛：「我們來到如此險惡的地方，如果有人把守，一定死無葬身之地。與其坐地等死，不如殺回咸陽，與項羽決一雌雄，這才是大丈夫所爲！」

樊噲等一班武將全叫嚷起來，要殺回關中去。劉邦也氣忿不平地說：「我奉懷王之命，先入咸陽，本該爲關中王，誰知項羽這個無賴違反約定，把我弄到這種鬼地方，又叫章邯三人阻擋我東歸之路！我等即使會騰雲駕霧，也飛不出關山阻隔。不如聽從眾人主意，趁三秦尚未派兵把守，正好殺回咸陽，拚個你死我活，不失爲上策！」

張良、蕭何、酈食其等人立即下馬，拜伏在地說：「不可聽信眾人一時火性，壞了將來大事。漢中雖然險惡，卻正是大王興起之地。漢中、巴、蜀，地處偏遠，招兵買馬，訓練士卒，霸王不可能知道。等到人強馬壯，乘機平定三秦大地，天下不難一統。如果助長眾人之怒，回兵咸陽，項王命令三秦之兵四面出擊，豈不是以卵擊石？到那時，大王想再做回漢中王，恐怕都不可能了！」

劉邦想來想去，思前顧後，忍下氣來，叫樊噲催促人馬，繼續向漢中前進。

棧道快要走完，張良忽然來到劉邦面前，說道：「我送大王到此，準備告辭回去，輔佐韓王歸國。」

大事。」

劉邦驚問：「先生這時告辭而去，我要靠誰？」

張良說：「我告別大王，雖然明說是回去侍奉故主，實際上，是要去爲大王辦三件大事。」

「先生準備替我去辦哪三件大事？」

張良說：「第一件，想方設法讓霸王遷都彭城，留下關中，作爲大王建都之地。第二件，遊說天下諸侯反楚歸漢。第三件，尋找一個足以興漢破楚的統兵大元帥。我辦完這三件大事，就會與大王在咸陽相會。切記大王百事忍耐，聽從眾人勸告，千萬不可操之過急。漢中不過暫時棲身之地，多則三年，少則一、二年，我包管讓您回到咸陽。」

劉邦拉住張良的手，說：「果真如先生所言，劉邦即使受盡千辛萬苦，也不敢有半句怨言。先生日後所舉元帥，不知有何憑據？」

張良答：「此人必有我角書一封，內裝親筆信件，信中敘述我與大王平時密言大事。大王定要重用，千萬不可失去！」

惜別後，張良又邀蕭何到無人之處，與他定計。

告別劉邦、蕭何，張良帶著幾個隨從沿棧道折返，一邊放火，一邊往前騎馬飛奔，不出兩日，便將三百里棧道燒得乾乾淨淨，只剩下一片燒得枯黃的千仞絕壁。

第14章

元帥在此

項伯上朝未回，張良獨自閒步來到後花園內。從容登樓，遊觀樓上所陳書案。書案雖多，但大都平平。翻到最後，突見一策立意深遠，語言出眾。一時間，又驚又喜。

有一天，農夫對他所養的老馬說：「你走吧！等你比一頭獅子更強壯時，我自然會把你牽回來。」

這匹可憐的老馬走到森林中遇到一隻狐狸，便把自己的遭遇告訴了狐狸。

狐狸說：「別愁，放心，我來幫你。你先躺在地上裝死……」

老馬按吩咐做了。

狐狸找來獅子，指著裝死的馬說：「這匹馬已經死了，你一頓也吃不完，運回家去慢慢享受吧！」

獅子問：「怎麼才能運回去呢？」

狐狸說：「我把馬的尾巴綁在你身上，你拖著馬，不就能回去了嗎？」

於是獅子躺在地上，被狐狸綁在馬背上。

而後，狐狸拍了拍馬的肩背說：「起來吧！老馬頭，你可以回家了！」

老馬跳起來，輕鬆地把獅子拖到了主人的屋裡。

狐狸就是這樣左右逢源的動物，不僅能和強於自己的動物打得火熱，還不棄寒微，能適時幫助被主人拋棄的老馬。正是因爲如此，強大者願給狐狸一條生路，弱小者也多相信牠、依靠牠。

劉邦也是同一類的人，他投靠過項梁，在項羽的面前裝過孫子。另一方面，他也能容下韓信這個胯夫，拜其爲大元帥。

張良回到咸陽後，前去拜訪項伯。兩人相見，欣喜非常。

之後，暫住項伯家中的張良，聽說韓王成被項羽處死的消息時，大驚失色，悲痛欲絕，誓爲主子報仇。次日與項伯說明情由，趕回韓國送葬，不久之後又回到咸陽，依舊住在項伯家中。

一天，項伯上朝未回，張良獨自閒步來到後花園內。園中有一座題名「萬卷書樓」的小樓，掩映在柳蔭松影之中，別具一番景致。

張良爲何久久住在項伯府中不去？就因爲項伯是尚書令，府中藏有四面八方上書文策，天下人才文字檔案。正如俗話所云：「欲窮千古事，朝暮伴書樓。」

張良從容登樓，遊觀樓上所陳書案。書案雖多，但大都平平。翻到最後，突見一策立意深遠，語言出眾。一時間，又驚又喜。驚的是恐怕項羽任用此人，喜的是在這裡找到如此出眾人才。如果讓此人歸附劉邦，必爲興漢破楚的大元帥，韓王大仇可報，漢王帝業可興。

這篇奏策要略如下：

如今霸王雖然稱王關中，但是人心未服，根本未定，百姓不過畏其強，懼其威而已。然而強可變弱，威可被抑。此為大王當今之所恃，一旦失去，天下怎能安定？

劉邦舊居山東之時，貪財好色，但是一入關中，發號施仁，約法三章，不取財物，不近美女，盡力收買人心。秦民心悦誠服，恨不得他為關中之王。大王入關，不施善政，只見殺戮，坑降卒，殺子嬰，掘皇陵，燒阿房，屠咸陽，大失民心……假使劉邦首先發難，諸侯必然回應，不想讓他強大，他自己也會強大；不願他勝利，他自己也會勝利。大王如今擁有的這些優勢，劉邦不久將會擁有。近日劉邦燒絕棧道，旨在向大王表明，他不會東進，藉此麻痹三秦，使之不做準備，然後收用巴、蜀、漢中之民，先取關中之地。此乃識天下之機，審天下之勢的舉動。

大王自以為無敵天下，不知勝敗之機已在不知不覺之中開始轉換。因此，下臣不顧眾人譏笑，冒顏為大王陳說己意。為今之計，應增兵嚴守險要之處，速派人馬巡哨邊關，收回章邯三人，另派智勇大將鎮守關隘，再派專人拘取劉邦家屬，監押咸陽為質。昭布仁義，整頓兵馬，訓練隊伍，內求賢相，外訪元戎……如果能做到這樣，劉邦不敢東進，社稷有磐石之固……

張良將策文看了兩遍，更加驚心。此人實爲大將之才，但是，項羽名將之中絕無此人，究竟是誰？

如此看了又看，而後仍將策文放回原處，回到房中，等候項伯回來。

不久，項伯罷朝歸來，問說：「賢弟還住得習慣嗎？」

張良說：「無所事事之人，忘卻世故之輩，哪有住不慣的道理？」

項伯當日無事，遂置酒相待。兩人喝得正在興頭上，張良藉機說：「聽說兄長有一花園，今日可否一遊？」

項伯說：「正想與賢弟一遊。」

項伯叫僕人在前引路，來到後花園中。話不多說，兩人一起登上「萬卷書樓」。閒聊亂侃一通，張良佯裝信手抽出一策，叩問：「此爲何人所作？」

項伯自然毫不防備，感歎說：「魯麟周鳳，未遇其時。此人姓韓名信，淮陰人，家貧無依，曾求乞於人……」

韓信乃江蘇淮陰人，出身布衣，不善農耕商賈，沒有一技之長養活自己，經常半飽半饑，常到別人家去混飯吃。在老家的時候，他曾在一位亭長家混飯吃，長達數月之久，亭長的妻子很討厭他，故意把吃飯的時間提前，等韓信去的時候，大家早就吃飽了。韓信十分生氣，與亭長絕交而去。

韓信曾在淮下河邊釣魚，有時候一天還吃不上一頓飯。

有一位在水中漂紗的婦人，看到他面帶饑色，便常送飯給他吃，長達數十日。這就是後來人們常說的韓信「乞食於漂母」。

韓信道謝說：「我將來會重重回報於您。」

漂母生氣地說：「大丈夫不能自己養活自己，真是可悲！我是哀憐你，才送點飯給你吃，難道是希望你回報嗎？」

現在江蘇淮陰市有一座「胯下橋」，可以算是當年韓信在淮陰生活的見證。源自於一個近乎荒唐的故事：

韓信雖然身無半職，一貧如洗，但每次上街，腰間總是掛著一把寶劍。淮陰街頭有一個好事之徒，一天有意在街頭侮辱他，對他說：「你雖然長得身高體壯，喜歡帶刀弄劍，其實外強中乾，膽子小得很！你如果膽子大，就用劍把我刺死；如果怕死，就從我的胯下爬過去。」

韓信思慮再三，反覆審視這個惡人，最後竟彎下身子，從人家的胯下爬過去。耳聞目睹這一幕的大小人等，都認爲韓信膽怯。但是，對自己的行爲，他卻有另一番見解。韓信後來被劉邦封爲楚王，衣錦還鄉的時候，專門招來那人，封他爲楚軍中尉，並對將領說：「這個人也是一位勇士。他當時侮辱我，難道我不敢殺他？但殺他沒有任何意義。忍辱負重，所以才有今天。」

韓信不是「匹夫見辱，拔劍而起」的武夫，他深深懂得「龜縮法」。此舉備受後人稱讚，認爲是偉人之舉，因而特地在事發地修了一座橋作爲紀念，取名「胯下橋」。

韓信雖然貧困，但讀過不少書，從小就有抱負。司馬遷曾說，他爲撰寫《淮陰侯列傳》，特地去淮陰訪問。淮陰人跟他說，韓信小的時候雖然貧困，但是他的志向與眾不同。韓信的母親死了，窮得沒法建墓，但他仍然去尋找一塊高敞之地埋葬，旁邊可容納萬家居住。司馬遷親自去看，果然與淮陰人的說法一樣。

韓信在司馬遷的《史記》中雖然只有一個「列傳」，但是從篇幅來看，遠遠超過不少「世家」。

正當窮困潦倒的時候，項梁反秦，擁立楚懷王，經過泗水，韓信於是仗劍投奔。項梁卻因不喜歡他的外貌，不想留用。

范增忙說：「韓信面貌清癯，中含蘊藉，既來相見，就應留用，否則恐塞賢路，多爲不便。」

項梁只叫韓信當一個執戟郎中，實際上就是一名衛隊首領。韓信未得重用，心中始終悶悶不樂。

項伯給張良介紹說，范增曾屢次向霸王推薦韓信，霸王總不重用，仍舊是執戟郎。前幾天上此策文，霸王欲要問罪，是他力勸才得倖免。說完，不禁歎息。

張良也不翻看，隨口說道：「想來，不過是個輕狂之徒。」心中卻大喜：此人居然就在這裡！得來全不費工夫！

兩人又閒話一番，下樓回屋，盡歡而散。

張良在項伯家中住了幾天，日夜想著爲韓王報仇雪恨，爲劉邦尋找興漢破楚大元帥，此時已胸中有數，便與項伯辭行。

項伯說：「賢弟此來未及一月，怎麼便要辭行？」苦苦留住不放。

張良不捨地說：「京師是繁華之所在，不是修身養性的地方。我想尋個深山幽谷，練真悟道，做個長生之客，要是捨不得拋棄塵世榮華富貴，就學不到成仙得道之術，望賢兄見諒！」

項伯無可奈何，只得送他離去。

第15章

三把寶劍

張良背著前日入關之時，在秦宮中所得的一口寶劍，來到韓信府前，求門吏通報。韓信聽說，感到奇怪：我在淮陰貧賤，沒有知心朋友，怎會突然有同鄉造訪？

張良告辭項伯後，走出咸陽不遠，喬裝成道士，又回到咸陽城中，在小街僻巷四處遊蕩，一路唱歌。由於他似瘋似癲，腰掛銅錢，袖藏水果，手中打著竹板，或在古廟寺觀，或在店肆勾欄，引來一大群兒童。

這樣過了一兩天，張良發現其中一個小男孩聰明伶俐，就將他引到僻靜無人之處，送些銅錢、果餅之類，教他唱一首兒歌：

今有一人，隔壁搖鈴，只聞其聲，不見其形。

富貴不還鄉，如錦衣夜行。

教了幾遍，小男孩牢記在心。

張良還告誡他說：「如果有人問你這首歌是從哪裡聽來的，你只須說夢中有人教你。儘快教其他人也來唱，將來長命百歲，不生疾病。如果說出來，便會大禍臨頭，切記切記！」

小孩點頭，張良又給些銅錢。離開咸陽城後，他又扮成一位外地客商，在附近小店安歇，密切注意城中情況。

項羽分封諸侯，招惹了不少人的怨恨。爲了瞭解情況，常叫內侍出宮打聽消息。一天，內侍聽到歌謠，急忙報告。項羽不信，晚上親自微服出宮，來到市井之中，果然見到好幾個小孩聚在一起唱兒歌。

他問其中一個小孩說：「是誰教你們唱這首歌謠的？」

小孩說：「上天教的！」

項羽一驚，心想：如今咸陽一片瓦礫，我正準備遷都彭城，原正是天意。

次日早朝，他對群臣說：「天降童謠，各位怎不上奏？爲什麼呢？」跟著把童謠說了一遍，分析說：「『今有一人』，說的就是老大我。『隔壁搖鈴，只聞其聲，不見其形』，說我名聲顯赫，但是尙未傳揚於世。『富貴不還鄉，如錦衣夜行』，說我擁有天下，但是不回故鄉，就像穿著華麗的衣服在夜間行走，沒有人看見，跟沒穿一樣。這首童謠，正是上天旨意。咸陽宮闕燒得一片狼藉，一時難以修復，遠遠不如彭城，那裡又是桑梓之地，我看我還是回彭城建都吧！」

而後下令，修整彭城，擇日遷都。

諫議大夫韓生急忙上奏：「這等謠言，必是有人故意編造，大王怎麼可以輕信？關中自古就是建都之地，披山帶河，四塞爲固，獨當一面。東有黃河、函谷關之險，西有隴嶺、關山之阻，南有終南、武關，北有涇、渭、潼關。三山八水，沃野千里，是名副其實的天府之國。周文王、周武王憑藉關中而稱王，秦帝國憑藉關中而爲帝。大王不要聽信如此謠言，離開興國之地。」

項羽說：「你說關中自古建都之地，但是我心中不樂。我遷都彭城有三個原因：第一，我征戰多年，未曾還家；第二，關中山多地少，眼界開闊不得；第三，天賜童謠，此乃天意。我決心已定，你不要再多言！」

韓生又說：「大王如今是天下之主，就像天上的太陽一樣，哪一個不仰視，為何一定要榮歸故地呢？孟夫子曾說：『尺地莫非其有，一民莫非其臣！』怎麼單單留戀一座小小的彭城？」

項羽說：「普天之下都是我的土地，我想去哪裡就去哪裡！」

韓生不死心，搬出了范增：「亞父臨走之時，告誡大王不要離開咸陽。如果一定要離開，也等亞父回來再說。」

項羽說：「我縱橫天下，所向無敵，我的見識范增怎能盡知？不要多嘴！」

韓生轉身，走下台階，仰天長歎：「人們常說楚人沐猴而冠，果真如此！」

項羽聽到此語，直覺認為是罵人的話，但是不明就裡，便問陳平。

陳平不敢隱瞞，只得輕聲啓奏：「這是一句訕上之語。意思是把楚人比作猴，戴著冠帽，但是始終不是人。另一層意思是說：猴沒有耐性，雖然穿著人的衣服，戴著人的帽子，但是心中焦躁不安。還有一層意思是說：猴雖然著人衣冠，但是由於不是人，穿戴很好也要被弄破。」

項羽聽完，破口大罵：「老畜生！老匹夫！你竟敢罵我！」罵完，喝令執戟郎官韓信，「將韓生這個老賊押赴刑場，油烹示眾！」

人們聞訊，紛紛跑來看項羽烹人。

韓生被押到滾滾的油鍋邊上，臨死仍想表明忠貞，高聲說：「咸陽百姓，我今日被烹，不是我當了奸臣，犯了法度，而是項王聽信奸人造謠，刻意遷都彭城，我再三苦諫，所以被烹！不過數月，劉邦必然復取三秦大地。楚人真是沐猴而冠啊！」

韓信對韓生說：「諫議大夫，你少說兩句不行嗎？省點力氣吧！項王要是知道了，恐怕連累我們！」

韓生說：「皇天后土，昭鑑不遠，今日受烹，實爲冤鬼！」

韓信說：「你因諫被烹，百姓認爲你是屈死，我倒認爲你活該！」

「我何罪該死？」

「你身爲諫議大夫，當諫的你不諫，不當諫的你死諫，難道不是活該？項王殺卿子冠軍宋義，偏將殺主將，你爲什麼不諫？項王坑殺秦降卒二十萬，秦國百姓因此恨之入骨，你爲什麼不諫？殺子嬰，屠咸陽，掘秦陵，燒阿房，分封諸侯，放走劉邦，你爲什麼不諫？事到如今，弊端日深，病入膏肓，你才想起勸諫，不是太晚了嗎？你自取殺身之禍！范增比起你又如何？他尚不能諫，何況你我？你今日受死，不怨項王，只怨那造謠之人。那個造謠之人，曾經燒毀棧道，現在正在人群中看著你。如果捉他出來，便知其中緣由。」

張良果然就在人群之中，聽了此話，躲在人後，不敢作聲。看完韓生被烹，偷偷調查韓信住處，盡知底細。

第二天，張良背著前日入關之時，在秦宮中所得的一口寶劍，白天在市中閒逛，直到黃昏時刻，月色初上，才來到韓信府前，求門吏通報。「韓將軍同鄉前來拜會。」

韓信聽說，感到奇怪：我在淮陰貧賤，沒有知心朋友，怎會突然有同鄉造訪？

這時，張良已經立於階下。韓信一見，覺得有些面熟，忙請上廳，分賓主坐下，問：「賢公從哪裡來？高姓大名？有何貴幹？」

張良說：「我雖是將軍同鄉，但是久出在外，將軍當然不認識。先人曾留下寶劍三口，都是稀世珍寶，不敢標價出賣，只得遍求天下豪傑，先觀人，後賣劍。現在已經獻出兩口，只有一口尚未找到買主。將軍與我同鄉，實屬天下英雄，特來賣劍給你。」

韓信心中有一種得到承認的興奮，起身向前說：「韓信自從歸附楚國以來，沒有人知道我是什麼人。如今先生持劍到此，又蒙過獎，實不敢當，只求一睹寶劍為快。」

韓信平日最愛寶劍，眼下拿著珍貴的劍，雖愛不釋手，但因囊中羞澀，不便問價，便來了個迂迴之問：「先生原有寶劍三口，不知另兩口賣了多少價錢？」

張良說：「剛才我已說過，先看人，後賣劍。尋得合適的人，就將寶劍贈送。將軍實屬天下英雄豪傑，特來相見，以劍相送，不談價錢。」

韓信忙致謝，說：「承蒙先生不吝賜劍，但恐怕韓信不能與寶劍相匹配。」

張良說：「如果人劍不匹配，縱使黃金萬兩，也不輕易出賣。」

韓信大喜，忙令僕人置酒相待，問：「先生的寶劍，是不是都有名稱？」

張良說：「祖上流傳寶劍三口，每口都有名稱和來歷。一口叫做天子劍，一口叫做宰相劍，一口叫做元戎劍。天子劍，又名白虹紫電，宰相劍，又名龍泉太阿，元戎劍，又名干將莫邪。白虹紫電，是吳王夫差劍名，掛在壁上，邪魅遁形，諸怪斂跡。龍泉太阿頗有來歷：有一個叫做雷煥的人，看見牛槽之間常有雲氣蒸騰，光芒掩映，他在有光之處進行挖掘，得到兩個石匣，裡面藏有寶劍兩口，一口叫做龍泉，一口叫做太阿。干將莫邪，是吳王闔閭令人所造的雌雄二劍，雖是人間之物，但是也按天時，應星斗，合陰陽，依地利，爐火錘煉十數年，方才鑄成。此劍打磨有法，修造有度。此外，各劍所持之人都必須有八德，才能佩戴。」

「天子劍是哪八德？」

「仁、孝、聰、明、敬、剛、儉、學。」

「宰相劍是哪八德？」

「忠、正、明、辨、恕、容、寬、厚。」

「元戎劍呢？」

「廉、果、智、信、仁、勇、嚴、明。」

韓信感歎說：「先生的劍經和寶劍，真是天下奇絕。不知另外那兩口寶劍，分別賣給何人？」

張良說：「天子劍前日賣給豐沛劉邦，宰相劍賣給沛縣蕭何。」

韓信聽罷，笑著說：「先生將寶劍賣給漢王和蕭相，真是劍得其人，人得其劍。而今準備將元戎劍賣給我，我素無重名，又無爲將八德，怎能匹配？」

張良說：「將軍才學，就連孫武、吳起都比不上，只是未遇明主而已。千里馬未遇伯樂，雜於槽櫪之間，辱於奴隸之手，與庸馬一般無二。如遇伯樂，見到知己，長嘶大鳴，追電絕塵。古人曾說：『自北長鳴天外遠，臨風斜掛日邊還。』將軍眼下暫居人後，未得其時，未遇其主。如遇真主，恰逢其時，言聽計從，樞天動地，變風化雲，哪理是碌碌無爲之輩？」

韓信聽到此處，心中之情難平，不覺長吁短歎：「先生金玉良言，洞徹肝膽。我在項王門下日久，一籌莫展，百計難言。我多次上書，次次石沉大海，常常險遭不測。項王如今又要遷都彭城，大勢已去，我也將重歸故里，圖個苟延殘喘而已。」

張良見已收到效果，順勢說：「將軍不必如此，良禽擇木而棲，賢臣擇主而事。依將軍的才能、將軍的抱負，難道甘心去做淮陰城下的釣翁嗎？」

韓信長歎一聲，「先生所言，議論精闢，言談動人，哪裡只是贈劍，定有深刻涵義。我於明月之下、燈燭之前仔細觀察，先生莫非是韓國張子房？」

「久慕將軍大名，不敢貿然晉見。今夜來訪，實有深意。將軍既然看破，我也不便隱瞞，我就是張良。」

張良就這樣爲劉邦找到一位興漢破楚的大元帥。史書對此不作記載，但是民間世代相傳，足以補缺。

韓信握住張良的手，大笑道：「先生才是天下英雄豪傑，人中之龍，我輩不過小蛇而已。我也想投靠漢王，還望先生指點迷津。」

張良說：「漢王劉邦是一位忠厚長者，目前雖然暫居漢中一隅，終必成就大事。若聽從我的愚見，我有一物交給將軍，作爲入漢憑證。」說著，從內襟裡取出角書一封，「我與漢王和蕭何約定，以此書爲憑，就是破楚元帥。將軍小心收好，不可丟失！」

韓信說：「先生已將三百里棧道燒絕，還有什麼路能到漢中？」

張良從書袋中取出一卷地圖，「圖上所標，都是山間羊腸小徑，從斜岔進入陳倉，轉過孤雲雨腳山，繞到雞頭山，可近二百里。將軍他日襲取三秦，就走這條路，可獲全勝。這條小道，當地人也不知曉，務必嚴守機密，不可輕意示人。」

韓信收好角書、地圖，問：「先生今後作何打算？」

「等到霸王遷都彭城之後，我會去遊說天下諸侯，叫他們聯合反楚，使項羽無力顧及三秦。將軍可以從容用兵，輕定三秦，然後圖謀天下。」

兩人當夜同眠，密談甚久。

次日，張良另去幹自己的事。韓信在咸陽沒有家小，只有門吏二人，負責在外看門，家僮二人，負責服侍日常生活。他暗中打點行裝，很快便備妥盤纏，寫好家書，並派家僮去淮陰探視家小。

這時，項羽已經下令準備遷都，韓信專去拜訪陳平，尋求穩妥的脫身之計。

他早就看出陳平有心去楚歸漢，試探說：「項王遷都彭城，漢王必然出兵三秦，恐怕關中終非項王所有。」

陳平說：「近日項王所作所爲，自以爲天下無敵，卻無長治久安之策，哪有不敗之理？漢王長者，必成大事。將軍雄才，在此碌碌無爲，不如背楚歸漢，施展宏圖。」

韓信說：「我也有此心，但恐沿途關隘阻絕。」

陳平說：「我有衙門印信文書，讓將軍隨身攜帶，自然暢通無阻，只須說去漢中探聽軍機大事。」

韓信拜謝，「幸得先生此等文書，勝過千金之賜。他日如得尺寸之進，不敢忘今日大恩大德。」

陳平說：「將軍保重，他日離楚歸漢，還望將軍提攜。」

韓信得到文書，次日早起，帶好行裝，吩咐門吏：「我去城外訪友，兩三日才能回來，你們小心看守，不可有誤。」

吩咐完，匹馬出城，往漢中大道急行而去。

范增回到關中，得知劉邦已去漢中，惶恐不已，急忙派人嚴守各地關口，嚴密盤查過往行人。

韓信去了五日，毫無音訊。門吏無奈，只得報告上去：「不久以前，有人夜訪韓將軍，說了一夜。其後又打發家僮回原籍看望家小。五天之前，叮囑小人，說是出去訪友，三日可回。可使他卻一直沒有回來，我們四處尋找，沒有一些蹤跡。我們怕韓將軍有什麼長短，所以前來稟報。」

范增聽到報告，跺腳大驚：「我每天放心不下的就是這個人！爲此我曾多次勸諫項王，若留此人，必須重用；如不願用，務必殺之。今日讓他走了，必然投奔劉邦，我心中又生一疾。如果不追回來，我晝夜不得安寧！」

范增立即入報，項羽大怒：「懦夫，竟敢背我降漢！」

范增說：「韓信很有見識，我向大王屢次推薦，大王都不進用。今日讓他跑了，一定會去投靠劉邦，必爲後患！」

項羽說：「他沒有通關批文，關上必然阻攔，能逃到哪裡去？」說完，急令鐘離昧：「速帶兩百輕騎，快把韓信給我擒來，碎屍萬段，以儆效尤！」

鐘離昧驅兵追趕，可是沿路關將皆說韓信隨身帶有印信批文，聲稱緊急公事，不敢阻攔，已過去幾日。鐘離昧立即飛檄三秦，著他們追趕捉拿，自己回報項羽。

項羽卻又改口說：「既然已經逃遠，去了也不足爲患。算了吧！一個胯下懦夫，能成什麼大事！」

韓信出了散關，進入三秦與漢中雙方共管之地，來到三岔路口，取出地圖尋找進入漢中小路。不久，剛好一個傳令兵過來，吩咐游兵：「你們如果遇到匹馬單騎過來，要細查看批文名字，不是韓信，方可放行。」

游兵說：「方才正好過去一人，匹馬單騎，不曾詢問姓名，何不趕上尋問一聲？」傳令兵馬上追去查問：「將軍姓啥名啥，有何公幹？」

韓信說：「我姓李，去漢中探親。」

「有批文嗎？」

「有。」

那人硬要取看，韓信取出批文，假裝遞過去。說時遲，那時快，用張良「賣」給他的那口寶劍，一下把那個傳令兵給刺死。其他游兵一齊追將上來，韓信匹馬向前，劍光閃處，游兵們全成了無頭之鬼。

殺死幾個游兵，自然不會費去很大力氣，韓信沒有戀戰，急忙調轉馬頭，往西南小徑急進。

韓信從小在江南生長，從未見過蜀道之難，對一切都覺得十分新鮮。小道兩旁，澗水潺潺，清清水波，絕壁千仞，林木森森。如此險峻之地，馬不能馳行，人不得縱情，只得勒馬緩行，小心翼翼，東張西望，就是弄不清陳倉路口到底在哪裡。

正在猶豫之際，山坡那邊冒出一位樵夫來。

韓信忙問：「樵哥，請問哪條路可往陳倉口去？」

樵夫放下柴擔子，極為熱情，比手劃腳地說：「繞過小山崗，有片小松林，松林下面有一塊亂石灘，再過一座石橋，是蛾眉嶺……」

韓信對照地圖，發現樵夫所說分毫不差，拜謝後，策馬向前走去。

行不多時，他心想：不對！章邯等人知道我殺了軍士，一定會從這條路上趕來，如果樵夫說出我的去向，那就糟了！

當下也不遲疑，調回馬頭，又叫住樵夫。樵夫剛一回頭，韓信手起劍落，將之殺死，把屍體拖到山坳下，用黃土掩埋起來。

離去前，韓信兩眼垂淚，納頭下拜，抬頭向天禱告：「不是韓信我沒有道義，實在是萬不得已。他日如果有出頭之日，一定重新厚葬，報答你的大恩大德。」

第16章

入漢中

韓信說：「才兼文武，學貫古今，取天下易如反掌，可為破楚大元帥，榜文內怎麼沒有開列這一種？此種最為重要，其餘十三種都只是一技之才，不足以囊括韓信一身所學。」

有一天，老狐狸帶著剛出生不久的兒子，到野外練習求生的本領。老狐狸要兒子從高百餘尺的山谷往下跳，並說道：「你不必擔心，我會在下面接住你的。」

小狐狸縱身一跳，卻摔得傷痕累累。

牠疑惑地看著父親，老狐狸表情嚴肅地說：「沒錯，這就是求生的第一要事——即使親如父母，也不能完全相信。」

韓信費盡心力，好不容易來到漢中首府南鄭。看不盡通城景致，不知不覺來到一個叫「招賢館」的衙門。衙門旁邊懸掛著招賢榜文，招攬各類人才。

看完榜文，他問左右看榜之人：「請問，掌管招賢的官員是什麼人？」

看榜人回答：「掌管招賢的人是滕公夏侯嬰，漢王封他為汝陰侯。滕公為人好賢下士，不拘小節。」

韓信聽到此言，暗暗盤算，如果到相府拜見蕭何，呈上張良角書，必然馬上富貴臨門。可這是因為張良推薦，我才得到顯赫，顯不出本事。不如將角書隱藏起來，先見滕公，再去見蕭何，將我平生本事表現表現，讓天下之人瞭解我不是碌碌無為之輩。古人曾言，難進易退；突然身居高位，恐怕最終難以得到大用。

《史記》等書記載，韓信到了漢中，當一個小官，犯了法當斬云云，此與他的智謀和性格似乎不符，姑且取小說家的論點敘述之。

韓信填好表格，進去拜見夏侯嬰。

夏侯嬰見來人相貌堂堂，暗中思忖：此人之名我曾聽說，原是楚臣，如今不遠千里來投，其中恐有緣故。

他隨口問韓信：「賢士從哪裡來？曾經幹過什麼事？」

韓信說：「我是楚王舊臣，因不得重用，特地離楚歸漢，從咸陽趕來。」

滕公夏侯嬰又說：「棧道已經燒絕，道路十分崎嶇，敢問賢士從哪條路來？」

韓信說：「我一心報效漢王，不怕山高路遙，攀藤攬葛，跋山涉水，忘路所在，忘卻勞頓。」

滕公讚道：「賢士妙語！既然已看榜文，不知對哪一種工作最爲拿手？請根據自身情況選擇一種，以答應對、考核。」

韓信說：「榜上十三種都能幹好，只是現缺一種，未曾開列。」

夏侯嬰問：「敢問賢士，還有哪一種未曾開列出來？」

「才兼文武，學貫古今，出將入相，坐鎭中原，威撫華夏，有百戰百勝之術，取天下易如反掌，可爲破楚大元帥，榜文內怎麼沒有開列這一種？此種最爲重要，其餘十三種都只是一技之才，不足以囊括韓信一身所學。」

夏侯嬰一聽，大吃一驚，連忙請韓信上坐，施大禮說：「久聞賢士之名，一直未睹尊顏。如今不辭辛勞，遠道而來，不只是我夏侯嬰一人之幸，也是漢王之幸，天下社稷之幸！」

兩人交談多時，很是投機。

夏侯嬰說：「我明日拜見漢王，奏明賢公之才，必然重用。」

韓信說：「明公不用急於奏告漢王，煩請引見蕭丞相。」

夏侯嬰許諾，韓信告辭而出，自去店中歇息。

當日晚上，夏侯嬰專程到相府拜見蕭何，向他報告韓信棄楚歸漢一事。

蕭何說：「韓信這個名字，我也聽說過。此人出生低賤，釣魚淮下，乞食漂母，惡少污辱，甘心出於胯下，後來投奔項梁，項梁死後又追隨項羽，只得到一個執戟郎的官位，范增屢次推薦，項羽輕視他的出生和經歷，不肯委以重任。大概是楚國不用，特來投漢。如果漢王知道他的來歷，恐怕也不肯重用。」

夏侯嬰說：「此人未得其主，未遇良機，如得重用，必然建功立業，絕對不會辜負推薦之人。」

蕭何說：「明日請來相見，再做定論。」

第二天，夏侯嬰親到客店之中，禮請韓信去見蕭何。

丞相府第，戒備森嚴，真是侯門深似海。伺候官先進去報告，門吏官出來詢問姓名，然後再去報告丞相，最後才出來一位官員，請韓信拜見丞相。

韓信進到堂下，蕭何已候在那裡，拉著他的手進入堂內，裡面沒有設座位，兩人站著交談。

蕭何說：「滕公稱讚賢公大才，今日幸得相見。」

韓信說：「我在項王手下，聽說漢王賢明，丞相好士，思賢若渴，因此不顧山高路遠，不遠千里而來。到此多日，方才見到滕公。昨天拜會，未見思賢氣氛。今天拜見丞相，我突然覺得一場辛苦全是白費，恨不得馬上回歸故地。我寧可老死桑梓之鄉，也不願仰人鼻息！」

蕭何問：「賢士尚未脫穎囊錐，怎麼剛一見面就變了臉色呢？」

韓信說：「不逢良機，不遇知己，未曾歃血，怎麼就會脫穎囊錐？那豈不是王婆賣瓜，自賣自誇嗎？」

蕭何道：「敬聽賢士高見。」

韓信答說：「古代齊王喜歡聽瑟，聽說有一位賢士擅長鼓瑟，再三派使者去請，那位賢士不得已來到齊國。齊王高坐大堂之上，下令爲他鼓瑟。賢士心中不悅，說：『大王如果不喜歡聽瑟，我也不會來這裡。可是您如果喜歡聽鼓瑟，就應該焚香賜座，我才好盡心爲大王鼓瑟。現在，大王高坐華堂之上，而我卻像一個奴僕似地站著，如此低賤之人，怎麼能讓高貴的大王快樂呢？』鼓瑟之士尚且以立於王側爲羞，何況丞相目前處在吐哺握髮之時，爲國求賢之機，企盼治國大計，可是卻倨傲賢士，我怎麼有心思留在這裡？」

蕭何本想以此試探韓信，看他機靈如何，品性怎樣，一聽語出驚人，急忙禮請上座，深深致歉說：「蕭何無知，有失待賢之禮，還望賢公海涵。」

韓信說：「丞相為國求賢，我也傾心圖報，都不是私人之事。」

蕭何說：「希望賢士暢談天下形勢，闡述天下安危和治亂之機，審視天下強弱變化之勢。」

韓信說：「關中之地，披山帶河，天府之國，自古以來為帝王建都之地。霸王離開關中，建都彭城，失卻天下之形勝地勢。漢王雖然左遷漢中一隅之地，但是正好養精蓄銳，正如虎豹在山，項王不能用其能，這是失中之得，禍兮福所倚。項王擁有九郡，勢力強盛，天下無敵，但是天下諸侯表面害怕其強，內心卻常懷背叛之心，禍害深藏於不測之中。外面看似乎平安無事，骨子裡卻包藏著無窮禍水，反而不如漢王處僻遠之地，可以從容收取天下人民之心，招賢才納良士，諸侯無力侵犯疆土，可保長久安定。項羽遷都彭城，弒殺義帝，大逆無道，天下謂之逆楚，與暴秦一般無二。荊襄湖南百姓，正在糾合民眾，準備討伐其罪，不用多久，天下必將大亂。明明形勢危如累卵，項王卻漠然不知，自以為強大，天下無敵，這就是實實在在的匹夫之勇，怎麼能取信百姓？漢王初入關中，秋毫無犯，與民約法三章，廢除秦國苛法酷刑，而今雖然被迫遷往南鄭，但是天下百姓正在翹首以待，盼望回兵三秦。漢王一旦舉兵東進，天下之人莫不簞食壺漿，迎接王師，引歸依。天下之人，誰不願爲漢王之民？章邯、司馬欣、董翳三人率數十萬兵降楚，被項王坑殺在新安城南，三人卻瓜分秦國大地，秦民恨不得吃他們的肉，喝他們血，項王用他們阻止漢兵，這無異於把關中大地拱手送給漢王。漢兵一旦東征，百姓必然依附，三秦大地一舉可定。天下形勢的安危、治亂、強弱，不是一目了然嗎？」

蕭何說：「賢士以爲，楚國可伐嗎？」

「依目前形勢，項王東遷，天下諸侯紛紛反叛，百姓正處於水深火熱之中，急思得到天下明主。三秦坐享其成，毫無準備，正是舉兵討伐的大好時機。失去如此良機，而不先佔領三秦大地，一旦齊、魏、燕、趙等國有識之士進獻一言，舉兵西進，占咸陽、定三秦，阻塞要道關隘，漢兵必然老死漢中。」

蕭何聽到這裡，前傾附耳低聲說：「前些日子，張良已經燒絕棧道，漢兵即使決心東征，也無路可走，該如何是好？」

韓信笑著說：「丞相爲何如此欺人？前日燒絕棧道，一定有人早與丞相商議停當，另有良謀妙計，漢兵才可能放心放火。豈有自斷歸路之人？此舉不過讓項王明白，漢王絕無東征之意，令楚國不做準備而已。瞞得過項王，豈能瞞得了有識之士？」

蕭何聽到這裡，笑容滿面，離座下拜，說：「自從進入漢中以來，再也無人詳談此事了。今聞賢士妙言，真是醍醐灌頂，如醉方醒，好不痛快！快備車馬，載賢士回私宅稍坐！」說完，先差人前去備辦盛宴，爲韓信接風洗塵。

蕭何邀請韓信來宅府，酒完席罷，兩人又開始討論為將之道。

蕭何說：「將帥乃三軍之靈魂，國家安危之所在，事關社稷大事，賢公對此有何高論？我願細細聽聞，切望不吝賜教。」

韓信說：「為將之人，必須弄清楚五才十過。五才，指的是智、仁、信、勇、忠。智者遇事不亂，仁者寬厚愛人，信者恪守信用，勇者天下無敵，忠者肝膽相照。為國大將，有此五才，方能率領三軍。十過指的是有勇力，但是冒險捨死、遇急事而情亂心迷、逢良機，便貪心好利、懷仁義，卻不厭惡邪凶、有智能，卻不知退讓、守信用，卻輕信他人、性廉潔，但苛刻寡恩、腹有良謀，但不當機立斷、知退讓，但喜歡任用兇悍之人、生性剛毅，但失之武斷。國家之將有此十過，那麼將難以為將。因此，善於用兵的將帥，必須具五才，去十過，如此則謀無不成，事無不就，橫行四海，平定天下。」

蕭何說：「賢公談談，當今為將之人如何？」

韓信說：「當今為將之人，有的有勇無謀，有的有謀無勇。有的依仗自己的才能，而目空一切。有的表面恭順，但內心高傲。有的看重高位，而輕視低職，也有的稍有成就即高高在上，更有的誇大自己的長處，而詆毀他人的成績，掩蓋自己的過失，誇大他人的不足……如此等等，都是當今為將之人的弊病。」

蕭何說：「如果賢士為將，會有什麼舉措？」

韓信說：「如果我為大將，兵馬未動之時，穩如山嶽之重；兵馬一出，行如江河之勢，變化如天地那般自然，號令像閃電雷鳴那樣分明，賞罰如四季變化那樣合乎規律，運籌謀劃如精靈般神鬼莫測，決勝於千里之外。天上地下，無所不知，內外外內，順乎自然。十萬之師，百萬之兵，分辨明晰，統籌兼顧，曲直圓扁，其妙全盡。洞察古今，精明易理。定安危之計，決勝負之機，神立用之極，藏無窮之妙。奇正相生，陰陽相配，然後容仁、立禮、裁勇、成信、守義……」

韓信說起話來，有如長江黃河，一瀉萬里。蕭何不由心想，漢王真是天生的好福氣，天賜如此良將！與漢破楚大元帥，捨他其誰？

第二天早朝完畢，蕭何邀夏侯嬰一起去見劉邦，啟奏：「我們近日在招賢館招到一位賢士。此人見識高遠，滿腹韜略，有藏龍臥虎之才，神出鬼沒之計，可爲破楚元帥，請大王重用。」

劉邦說：「這位賢士是何方人士？各方面的詳細情況如何？兩位請細細道來，我當量才錄用。」

蕭何說：「此人姓韓名信，淮陰人氏，曾任項王持戟郎中。多次上策項羽，項羽不肯重用，因此去楚歸漢，不懼路途艱難，隻身單騎來到漢中。我等經過多次策對、考察，即使古代名相勇將，如伊尹、姜子牙、孫武、吳起之徒，也不能超過他。」

劉邦說：「我在老家當亭長的時候，曾經聽說過此人。他乞食漂母，受辱胯下，無法自養，鄉人尚且輕賤。丞相、滕公舉薦這樣的人爲帥，必遭諸侯恥笑，三軍不服。要是讓項羽知道，還不說我是瞎子？」

蕭何伏地頓首說：「古代大將大多出身寒門，大王怎麼能憑門戶之見，便確定人才取捨？伊尹是草野匹夫，姜太公是渭水河邊的一個釣翁，管仲是齊桓公手下的一個俘虜，但是一經重用，都創下奇功偉業。韓信雖然出身寒微，但是心懷良謀，腹有大志，實爲當今天下奇才。大王如果拋棄不用，一定投奔他國，這等於丟棄價值連城的玉璧，打碎和氏之寶。敬請大王聽從下臣之言，重用韓信，打敗項羽，重取三秦，再進咸陽。如果舉薦失當，我等甘受舉薦不當之罪！」

劉邦實在脫不下蕭何、夏侯嬰的面子，只好說：「既然你們真心舉薦，那就叫韓信進來相見。」

韓信在蕭何府中聽到漢王召見，心想，漢王傳喚我入朝，就像叫小孩一般，肯定不予重用。果然入朝拜見後，劉邦說：「你不遠千里而來，但是未見才能，貿然大用，恐怕難以服人。如今缺乏一位管糧官，派你去做此官，試用一下，看看能力，希望你不要嫌棄。」

韓信安然接受，謝恩而退。蕭何、夏侯嬰內心深感不安，恐怕韓信不快。

韓信去到倉庫查點人員和存糧，只見他拿一把算盤，依照米堆數量，隨便一算，竟不差毫釐。

倉庫老人見他此舉，拜伏於地，口稱：「以前的管倉大人，沒有一人能像您這樣精明神算！」

韓信笑著說：「不過是僕隸之職，有什麼了不起？」

至今民間仍傳說，韓信發現了破解無定方程式的秘訣。

譬如有這樣一個問題：一堆水果，三個三個地數，剩一個；五個五個地數，正好數完；七個七個地數，剩三個。請問這堆水果究竟有幾個？

答案是：十個。

韓信解這類無定方程式的口訣是：

三人同數七十稀，五馬歸槽二十一，

七字頭上增三個，百字五個定根基。

肯動腦筋的讀者，可以自己想想其中藏著的道理。

第17章

月下追韓信

夜色漸漸降臨，一輪明月露出臉來，清輝均勻地灑落在曠野中、碧樹上、綠草間，一行人追到了寒溪邊上。不久，見遙遠的地方，有一人騎著馬，沿河蠕蠕而行。

差事分派下來，蕭何唯恐韓信心灰意冷，黯然離去，忙請到宅中置酒相待。

他首先祝酒說：「我們推舉你爲破楚元帥，但是漢王怕你難以擔當如此重任，特地叫你做這樣一個小官，想先考察德、能、才、績。聽說你估算倉中米數，一算無遺，不知使用什麼方法，一下子便能夠知道如此大數？」

韓信說：「演算的方法很多，有小九之數，有大九之數。如果精通演算法，即使四海五洲也可算計無遺，何況倉中之粟？」

聞言，蕭何讚歎不已。

韓信又說：「倉中糧米日久變黃，應當儘快出陳易新，接濟百姓，實屬公私兩便。這是宰相的責任，丞相可以趁機施行。」

蕭何致謝說：「你說得很對，明日就就奏告漢王，遵教施行。」

韓信告別蕭何，回到倉庫，即令倉庫人員通風，防火，加強防衛，各方面的工作都做得恰如其分。蕭何、夏侯嬰等人知道，心中更加欣喜。

近日劉邦沒有上朝，蕭何只得寫下專條，交給閽吏入報。

劉邦傳言：「連日苦思東歸之計，未有良謀，明日再議。」

第二天，朝拜禮畢，劉邦召蕭何入內議事。

劉邦說道：「近日以來，我一直在思考著東歸之計，但是未有良謀，丞相到底有何妙計？」

蕭何說：「東征之計不難，只要找到破楚大元帥，馬上就可準備。」

劉邦說：「我想的就是誰可當破楚元帥之事。」

蕭何說：「大王不用這樣冥思苦索，只要重用韓信，大事能成！」

劉邦說：「韓信貧困之時，連自己都養不起，怎麼能夠擔此重任？」

蕭何將韓信近日處理倉庫的各種表現，細細陳述了一通。

劉邦說：「這只不過是一技之長，怎麼能憑此就斷定他可做元帥？」

蕭何說：「只看一技之長，就可知道韓信的其他才幹。此人真是大將之才，大王千萬不要錯過。」

劉邦實在拿蕭何沒辦法，便升韓信爲治粟都尉。

韓信也不推辭，當上了治粟都尉後，興利除害，清正廉潔，不到半月，百姓交口稱讚。清官一到，天下安寧，百姓平靜。

蕭何知道這些情況，心中暗暗思忖，韓信的確不是等閒之輩，真是小用小效，大用大效。我爲了國家，無論如何也要全力保舉！

他不死心又去拜見劉邦。

劉邦說：「我近幾天來，夜夜惡夢不斷，日日思念父母，不知何時才得相見？長期鬱鬱居住在這裡，心中十分煩悶！」

蕭何說：「以前齊景公狩獵回來，對晏子說：『我每天晚上都惡夢不斷，心中不快！』晏子說：『大王做了些什麼惡夢，能不能說來給我聽聽？』景公說：『上山見虎，入澤見蛇，這到底預示著什麼呢？』晏子說：『猛虎居住深山，蛇蟲長在澤裡，怎麼能說是惡夢呢？國內現在有三件不祥之事，大王知不知道？』景公答說：『我不知道。』晏子說：『國家有賢士，而大王不知道，這是一不祥；知道了，卻不加以進用，這是第二個不祥；進用了，卻不委以重任，這是三不祥。』大王現在夜夢兇險，是有賢士而不能用的緣故吧！我日夜害怕的是，項王聽從范增之計，揮師西向，重新佔領關中，那時大王將如何去對敵？爲此，我每天晚上都從夢中驚醒！」

劉邦說：「國中有賢人，哪有不用的道理？自從我到漢中以來，哪裡有什麼曠世奇才未得重用？」

蕭何說：「明明有一個大賢人在這裡，大王不加以重用，怎麼能說『哪裡有什麼曠世奇才未得重用』呢？」

劉邦說：「大賢才在哪裡？姓啥名啥？丞相說出來，我馬上重用！」

蕭何說：「我想舉薦，又怕大王嫌人家門戶低微，出身貧寒，舉而不用，反失賢士之心，導致四方雖有豪傑，都不願盡心出力。」

劉邦說：「靠！不要繞山轉水，快把這人尊姓大名說出來，讓我聽聽。」

蕭何說：「當今天下大賢，只有淮陰韓信！」

劉邦不高興地說：「丞相推舉兩次，我已加封兩次，怎麼能說不重用？」

蕭何說：「治粟都尉不能充分發揮韓信的才能，只有拜爲破楚大元帥，才能留住。否則韓信最終還是留不住！」

劉邦說：「爵位不可濫加，俸祿不能輕給。韓信初來乍到，我已經加封兩次。如今木有功勞，就貿然加封元戎之職，其他將領必然會怨我賞罰不明。」

蕭何也不退讓，「自古聖帝明王用人之道，因能致用，隨才授職。韓信是國家的棟樑雄才，大王只叫他做一個治粟都尉，這就是我屢次保舉的原因。沛豐以來的將士，雖然屢建功勞，但是都不能跟韓信相提並論。大王這樣比較，實在是不知輕重緩急，臣不得不據理力爭！」

劉邦知道蕭何赤膽忠心，但是他有自己的一套用人方式，便又推辭說：「我相信丞相的良言，但也應該讓韓信稍緩幾日，等到張良推薦的元戎來到，這樣才不負昔日相別之約。如果張良未曾保舉，或者保舉之人無能，到時再起用韓信也不遲。還望丞相理解我的心意。」

蕭何實在再找不到什麼話好說，只得回到家中，差人請來韓信相敘，聯絡感情。

蕭何問道：「請問，你要怎麼攻下三秦？怎樣兵出棧道？怎樣兵伐楚國？怎麼收服六國？」

韓信站起來，正言道：「我一直以爲丞相知道用兵之規，今天從這些問話來看，恕我直言不諱，您還是不知用兵。兵家打仗行軍，相機而動，因時因地變化，怎麼可以預先幻想和遙測？水本無形，因勢而成形；戰爭本無規矩，因敵而制策。兵法的奧妙，在於鬼神不知其巧，父子不通其情，夫妻不說其理，隨機應變，哪有一定之規，預先說個甲乙丙丁？丞相不用下問，下官實在無法奉告，還望恕罪。」

蕭何聽了大喜，盛宴款待。

蕭何盛情款待，愛才之情溢於言表，韓信爲之感動，但從言談舉止中，他也隱隱猜到了劉邦對自己的不信任。

到了晚上，韓信辭別蕭何，回到治粟都尉公館，分析目前的處境，知道如果不激一下蕭何，唯恐劉邦不知道自己的重要性，漢王舊將也不會服氣，即使再將張良角書獻上，怕也難以取信百官。

思忖良久，心生一計。

第二天下午，韓信吩咐門吏：「給我準備快馬，今夜五更我要出遠門。」而後將原先帶來的行李拴束停當，五更時分，匹馬單騎出東門而去。

門吏見他有出走之意，立即去報告蕭何。

蕭何早朝剛回，聽說韓信已出東門而去，大驚道：「如果韓信出走，我們只能老死漢中了！」來不及報告劉邦，急至治粟都尉公館查看。

門吏帶著蕭何來到韓信房中，舊物不剩，新物全部封存。

蕭何頓足嘆道：「我屢次舉薦，漢王不肯大用，今日果然讓他走了！如果不及時追回，我們將終日不得安身！」立即帶著五、六個隨從，各備兩匹快馬，急急忙忙向東門奔去，詢問守門官兵。

門官回答：「稟報丞相，今日五更剛開城門，只見一位將軍騎銀鬃馬，背一口寶劍，直出東門而去。此刻至少已經走了五十餘里了！」

蕭何一行數人一邊追趕一邊詢問，沿途隨便弄些吃食，只拚命地追。

夜色漸漸降臨，一輪明月露出臉來，清輝均勻地灑落在曠野中、碧樹上、綠草間，一行人追到了寒溪邊上。

寒溪是什麼地方呢？

清代道光年間有一本書叫《寧羌州志》，上面記載，陝西省寧強縣中有一條西流河，又名「寒溪」或「韓溪」。

南宋王象之《輿地紀勝》說：「『韓溪』，以相國追韓信至此而得名。」距離漢王都城南鄭約三、五十里。

又據《漢中府治》記載，說陝西省馬道河是蕭何月下追韓信處，古名「寒溪」。韓信出走至此，溪水夜漲，人馬難渡，才被追上。當地至今仍流傳一首民諺：「不是寒溪一夜漲，哪得炎漢四百年？」

「寒溪」在什麼地方並不重要，重要的是蕭何此舉的千古涵義——沒有韓信，興漢滅楚大概只會是空談。

行至此處，蕭何等人早已汗流浹背，只得沿著河岸慢慢尋找。

不久，見遙遠的地方，有一人騎著馬，沿河蠕蠕而行。

蕭何放開喉嚨，大聲喊道：「韓將軍——」一邊快馬加鞭朝那個影子飛奔過去，抓住那人的馬轡，哽咽道：「韓將軍，為何如此絕情？相處日久，怎能不辭而別？將軍於心何忍？」

正在此時，又一匹馬飛奔而至。兩人一看，來人是滕公夏侯嬰。

蕭何問道：「滕公為何也來追人？」

夏侯嬰說：「我剛回朝，聽人報告說韓將軍匹馬出走，該是因為漢王未能大用，欲投他國，於是單騎追來，想不到被丞相捷足先登。足見丞相為國思賢盡忠，不懼山高路險，不怕辛勤勞累，真是千古賢相。」

韓信見蕭何、夏侯嬰殷勤懇切，極忠盡智，仰天長歎：「二位忠心赤膽，漢王當興！世間人臣多是嫉賢妒能，擅大權，開私門，舉枉措曲，好諛喜佞，結黨營私，哪個情願犯顏苦諫，傾力舉賢，屈己下士呢？二位的美名，足以千古流芳。有此賢相，漢室必興。韓信雖是駑馬之才，情願傾心效命，願為門下之客！」

蕭何抓住他的左手，夏侯嬰抓住他的右手，異口同聲說：「士為知己者死！我二人深知韓將軍有經天緯地的大才，足可定三秦，敗項王，但是漢王因為將軍門戶寒微，又未知你的大才，尚未大用。請將軍暫且忍耐一時，我們兩人情願以身家保舉。如果漢王還不動心，我等便棄官回鄉，不願久居漢中之地！」

皓皓月光之下，韓信深深拜謝。

蕭何月下追韓信，好一齣千古名戲！

其實，韓信也不是真要逃走，否則，憑他之智謀，別人想追也沒法追上。況且，又能逃到哪裡去呢？

就像演員需要舞台，棋聖需要對手一樣，將軍也不能沒有戰場。

卻說劉邦上早朝，周勃等人啓奏：「關東將領思念故鄉，不願意在漢中過苦日子，已經有數十人逃亡。丞相蕭何、滕公夏侯嬰也不知去向。」

劉邦吃驚不小，大怒道：「自從起兵以來，蕭何哪有一天離開過我？諸將逃亡，情有可原，有的中途相從，有的糾聚而至，如今離去，不足爲怪。蕭何與我名爲君臣，實爲父子，怎能拋下我逃走？」

劉邦坐立不安，飲食俱廢，內心無比焦躁，就像熱鍋上的螞蟻，「如失左右手」。

正當焦躁難忍之時，蕭何、夏侯嬰前來拜見。

劉邦一見，又喜又怒，破口大罵：「你這傢伙，跟著我這麼多年，哪裡離開過一天？近日諸將多有逃亡，你們也不辭而別！你說，爲什麼？」

蕭何回答說：「我不是逃亡，我是去追逃亡之人，實爲大王東征之事，力圖儘快恢復關中！」

劉邦說：「你去追逃亡之人？去追誰？」

蕭何答：「韓信。」

劉邦仍是笑罵道：「諸將逃亡，你們不去追，卻去追一個韓信，演哪齣啊！」

蕭何說：「諸將易得，失去不足惜，得到也不足喜。至於韓信，國士無雙。大王如果希望久居漢中，不想再東取關中，安定天下，韓信的去留，不須掛心，也不必重用。如果大王要跟項王爭奪天下，除了韓信之外，其他人沒有這樣的本事。大王如果還不重用韓信爲破楚大元帥，我們情願送還官爵，回歸故里，當一個耕田老農，以免將來成爲項王俘虜。」

夏侯嬰也說：「丞相忠心耿耿，不是私愛韓信，而是爲了國家大計，大王應該明白這個道理。」

劉邦說：「你們兩位只聽韓信一言半語，只看到他某一方面的才能，就認爲他可爲大將。要知道選擇大將，關係到國家的生死存亡。我聽了你們的言語，拜韓信爲將，真能下三秦，破項羽，定天下，這算你們舉薦的功勞；如果韓信能言不能行，只會紙上談兵，臨事膽怯，逢戰敗退，不光我們要當俘虜，數十萬生靈都會無辜死亡。我之所以到現在還不敢輕易重用韓信，道理就在這裡！我知道這個韓信，他母親死了不能安葬，實在是無謀之輩；他寄食南昌亭長，乞食漂母，實在是無能之人；他甘受胯下之辱，市井之人都認爲他膽小怕事，這是沒有勇氣；他在楚數年，只當上一個執戟郎，實屬無用之人。無謀、無能、無勇、無用，怎麼能爲大將？古人說得好：『有之於中，必形於外。』若有具體表現，方可取信於人。」

誰說劉邦平庸無能？他還真有一套用人的原則。

蕭何也是鐵嘴，說道：「真如大王所言，好像言之成理。但是，依我看來，恐怕未必如此！孔子在陳國、蔡國被人所困，不是他無能；孔子在匡被人所圍，不是無勇；最後，他不得不去創辦私學，不是他無用。韓信乞食受辱，只是生不逢時，不是無用；他事楚幾年，只當上一個執戟郎，實在是未遇明主。我等與韓信深入交談後，見他洞見肺腑，的確是天下奇才，絕不是紙上談兵之輩。我等日夜不安，冒死懇請大王，破格加以重用！」

聽了這話，劉邦倒也不生氣，只說：「今天太晚了，你們兩個回去休息一夜，明天我們再議。」

兩人回去後，對韓信說：「明日漢王開會，必拜韓將軍爲大將！」

韓信一笑，「漢王還在猶豫，恐怕空勞二公之力。」

蕭何、夏侯嬰說：「漢王如果不拜將軍爲大將，我們決定棄官返回故里，絕不相欺！」須臾，告辭而回。

韓信獨處室內，浮想聯翩，夜不能寐，心想：蕭何如此愛賢，爲國不遺餘力，可是漢王屢次不用，只不過嫌我家貧身賤。

想到這裡，心情久久難平。

韓信正在想心事，蕭何又來拜訪。

韓信忙整衣出迎，「丞相此時尚未就寢？」

蕭何說：「我心中想著國家大事，怎麼能安心睡覺呢？今有一事，特地來問問將軍。將軍在楚國之時，范增極能知人善任，當時一定舉薦過，韓將軍必定出良策過，可爲什麼沒有聽聞？」

韓信說：「沒錯，范增極爲賞識我，屢次推薦，但是霸王不聽。漢王出咸陽，歸漢中，燒棧道，我曾上表，可是項王不用。」

語畢，又把自己的表文背誦一遍，並略加分析。

蕭何聽完，大驚失色，「如果項王聽從將軍之計，我們再也不能出漢中一步了。西楚天下，堅如磐石！」

到了此時，韓信才把他隱藏張良角書之事說出來，並將角書呈給蕭何。

蕭何再拜，「將軍真是天下豪傑，所作所爲均與常人不同！」

次日，蕭何、夏侯嬰拿著角書去見劉邦。

劉邦說：「丞相屢次舉薦，我都沒有採信，不想子房先生也有角書推薦，真是英雄所見略同，看來韓信確有雄才大略。我見事不明，久逆愛卿忠愛之意。今日知過，即拜韓信為大將，略表我的歉意。」

蕭何說：「大王向來不講禮節，如今拜大將，就像呼喚小孩兒，韓信最終還是不會久留。大王如果要拜韓信為大將，必須選吉日設壇祭告天地，齋戒三日，方顯拜大將的隆重！」

劉邦採納了蕭何的建議。

將領們聽說劉邦準備拜大將，都很高興，「人人各自以為得大將」。但是到了拜大將的日子，發現大將是韓信，「一軍皆驚」。

拜將禮畢，劉邦上坐，問韓信：「丞相多次盛讚將軍大才，不知將軍有何良策？」

韓信拜謝，說：「大王準備東進，是不是想跟項王爭奪天下？」

劉邦說：「是。」

韓信說：「大王自己估量一下，在勇猛仁強方面，您和項王比較如何？」

劉邦沉默良久，不得不說：「不如項王。」

韓信點頭說：「我也以為大王不如項王……」接下來，他當場分析了一番天下形勢及東征步驟，「漢王大喜，自以為得信晚」。至此，韓信終於登上大將寶座，去開創他的一番事業。真是一波三折，好事多磨啊！

第18章

權，要交給能幹大事的人

閱兵完畢，韓信派軍正曹參分發軍政條約，懸掛在各營之中，三軍將士務必反覆學習。想不到，軍紀十七條公佈的第二天，韓信五更即到教場，升帳點視，監軍殷蓋居然未到。

爲將爲帥，要起到將帥的作用，還必須有最高權力者的支持作爲後盾，否則就只是一個虛名，無以立威，兵卒不懼。

韓信斬殺劉邦的至親殷蓋，劉邦反而嘉獎他，一方面替自己博得無私的美名，一方面也爲韓信立威。

韓信被劉邦拜爲大將，擔負起統一天下的重任。爲何張良、蕭何、夏侯嬰等人，如此器重這樣一個母死不能葬、受辱不敢怒、乞食於人的人呢？

韓信的妙處就在這裡：太歲頭上也敢動土！

讓我們先從樊噲說起。

劉邦要拜大將，軍中人人自以爲非己莫屬，等到拜將之時，方知這個高位竟被胯夫韓信獲得，「一軍皆驚」。

其他人都望「將」興歎，有怨不敢言，心中不滿而已。只有殺狗出身的樊噲實在嚥不下這口氣，便想仗著自己是劉邦的連襟，阻止他拜韓信爲將。

劉邦也曾因此懷疑猶豫過，幸好蕭何等人立即阻止了樊噲，並下令拘押，才沒有在韓信拜帥一事上再生枝節。否則，在拜將之時發生恐怖襲擊也未可知。

拜將完畢，要怎麼處置樊噲呢？

劉邦看一看蕭何，突然生出主意，對眾臣說：「樊噲是我的親戚，跟隨我起事以來，屢建戰功，我知道，眾卿也是有目共睹。但是這廝倚功傲世，衝撞車駕，口出狂言，全無君臣之禮，如不嚴罰，王令怎麼通行？韓元帥怎麼用兵？罪該斬首！偏偏我與他有親戚關係，唯恐處理起來有礙情義，今令丞相蕭何全權處理，不得營私舞弊！」

好一個劉邦，把難踢的球一腳傳給了蕭何。

蕭何如此聰穎之人，豈有不明主上本意的道理？便啓奏：「樊噲有罪當誅，但得讓我與群臣計議，把罪狀弄個明明白白，公諸於眾，以儆效尤，懇請大王恩准！」

劉邦點頭稱是，宣佈退朝而回。

蕭何隨後進宮，與劉邦計議。

蕭何說：「樊噲雖然有罪，但是他素有大功，忠心不二，如誅他，恐傷人心。而且韓信初拜大將，就殺有功之將，恐怕軍心不穩。不過，樊噲心中不服，不利韓信用兵。大王理當明宣旨意，說明樊噲的罪過，我等公議，再請聖裁，這樣可正國家之法，也可立韓信之威。」

劉邦稱善，下詔曰：「朕拜韓信爲大將，經過張子房角書推薦，蕭何再三考察，朕親自試用，確有真才實學。樊噲獨恃勞苦功高，違法不遵，口出狂言，肆無忌憚，如果縱容，定壞我國家大事！今令蕭何等人公議定罪，功難掩罪，依法當誅！」

蕭何捧詔而出，早已嚇壞了周勃等一班武將，紛紛向他求情。

經過蕭何上下周旋，劉邦下旨同意樊噲將功補罪，且需親到韓信軍前謝罪。韓信當然明白蕭何、劉邦的用意，寬慰一番，自然無事。

樊噲又去劉邦宮中謝罪。

劉邦招呼他走上前，撫慰說：「你自從跟我起事以來，屢建大功，而且還在鴻門救了我，我怎麼會忘記呢？正因爲如此，更應該謙虛謹慎。你不想想，你的見識怎麼可能跟張良、蕭何相比？兩人一致舉薦，韓信想必是個奇才。況且，平時你不反對，偏偏要等到我的車駕已經啓程，馬上就要拜將，才攔車擋駕，口出狂言，實在是大失人臣之禮！如果不是蕭何出面維護，我一時大怒，將你殺了，功勞不是打水漂了嗎？這樣既壞了君臣大義，又失去親戚情分，我也會終身不安。你怎麼如此不爭氣？」說著說著，禁不住流下淚來。

樊噲也泣涕齊下，深深致歉，「是我一時思慮不周，如今後悔不及！我今後一定盡心報國，服從韓元帥的指揮，回報大王之恩。」

劉邦本無多大才能，但是他籠絡人心的手段古今罕見。一席話、幾滴淚，既安撫了久經沙場的樊噲，也爲韓信揚了名，立了威。

樊噲又去叩見蕭何，感謝相救之恩。

蕭何說：「將軍屢建大功，裂地封王指日可待，怎麼計較這區區名份？只要你盡心盡力，聽從韓元帥的指揮，何愁不大富大貴！」

一番巧妙斡旋，制服難馴的寵臣。韓信成就大功，實與蕭何密不可分。

韓信授職破楚大元帥，立即準備東征事宜。爲了師出有名，他向劉邦上出師表：

伏覲時局變化，仰視聖德宏威；大王退居漢中，在巴、蜀稱王，實為明王之舉。但是大王欲圖天下，此地絕非久留之地，理當準備東征事宜。項羽實屬暴秦之餘孽，楚人之獨夫：謫遷諸侯，弒義帝，逆天篡位，建都彭城；誅子嬰於軹道，坑降卒於新安，屠戮咸陽百姓，焚燒秦國宮室……項羽大失天下民心，激起天怨人怒！大王乃天生聖賢之主，正該仗義正名，滌除殘暴，救萬民於水火，解百姓於倒懸。王師一出，百姓必將簞食壺漿，楚兵必將倒戈卸甲，三秦可以傳檄而定，六國可以不戰而取。此乃一統山河，萬世之帝業。恭請大王德民寬仁，興神武之師，創萬世之基業。

下臣韓信，誠惶誠恐之至，懇請大王傳令：興仁師，發義兵，雪左遷漢中之恥，復為王關中之約……

劉邦看了表章，心中大喜，立即封樊噲爲先鋒、曹參爲軍正、殷蓋爲監軍，準備大駕親征。

韓信來到教場，見隊伍不嚴整，士卒不齊備，將佐不知陣法，不明進退，軍營安排雜亂不齊，忙讓人請酈食其前來商議。

韓信說：「這樣的兵馬和陣營，用來防守城池，維護治安，勉強可用。拿去攻城掠地，絕難取勝。今請先生到這裡，就是要討論隊伍如何排列，陣勢如何擺佈，奇兵正如何配合，動靜如何協調。煩請先生組織數十百人，連夜繕寫有關規則分發各營。我先組織一個教導大隊，現在就開始練習。教導大隊再去各營指導，不出一月，隊伍自會發生變化，那時方可東征！」

酈食其佩服不已，拿著韓信早已準備好的文件，忙去安排文人抄寫，以此規則訓練全體兵將。起初士兵不服指揮，韓信立即下令斬首示眾，全軍肅靜。由此，一天一個樣子，隊伍面貌煥然一新。

訓練二十餘日後，韓信上表請劉邦到校場閱兵。劉邦看到閱兵表演，大吃一驚，沒想到短短時間，隊伍竟發生如此變化，大喜過望。

閱兵完畢，隊伍列隊聽令。

韓信向前，上奏劉邦說：「下臣身著甲冑，不便施禮，今有軍紀軍規奉上，望大王下詔告示三軍。」

劉邦早已看過，即命善讀之人當眾宣佈，其文略云：

西楚霸王項籍上違天命，弒義帝，下虐其民，殘殺百姓，惡貫滿盈，天人共憤。朕先入關中，當為關中之王，反而因功獲罪，被貶到漢中之地，實在忍無可忍。破楚大將軍韓信、各位大小將領、各隊軍士，征討逆楚，義不容辭。大將韓信代命行誅，不用奏請，大家都要聽從指揮。只能前進，英勇殺敵，立功重獎；後退半步，貪生怕死，犯過重罰。

將士聽罷，無不心驚膽顫。

閱兵完畢，韓信派軍正曹參分發軍政條約，懸掛在各營之中，三軍將士務必反覆學習。其條約略曰：

一、聞鼓不進，鳴金不退，旗舉不正，旗倒不扶，叫做悖軍，犯者斬首。
二、呼名不應，點視不到，違期不到，動作乖戾，叫做慢軍，犯者斬首。
三、夜間警報，懶惰不傳，更鼓違倒，號令不明，叫做懈軍，犯者斬首。
四、口出怨言，不敬主將，不聽號令，蠻橫不化，叫做橫軍，犯者斬首。
五、哄堂狂笑，蔑視規約，突馳軍門，肆無忌憚，叫做輕軍，犯者斬首。
六、弓弩斷弦，箭無羽鏃，劍戟不利，旗幟凋弊，叫做欺軍，犯者斬首。
七、傳播謠言，裝神弄鬼，借夢放毒，相信邪說，叫做妖軍，犯者斬首。
八、尖舌利齒，搬弄是非，挑撥吏士，製造矛盾，叫做謗軍，犯者斬首。
九、毆打百姓，侵虐人民，調戲他人，姦淫婦女，叫做奸軍，犯者斬首。
十、盜竊財物，據為己有，奪人首級，據為己功，叫做盜軍，犯者斬首。
十一、私進要地，私問將領，打探機密，欲行不軌，叫做探軍，犯者斬首。
十二、將知其謀，兵知其令，洩漏外人，敵人知之，叫做背軍，犯者斬首。
十三、調用之時，閉口不答，低眉弄眼，面有難色，叫做恨軍，犯者斬首。
十四、隊伍行進，插前越後，高聲喧嘩，不服禁訓，叫做亂軍，犯者斬首。
十五、詐傷詐病，逃避征戰，捏傷裝死，逃避戰鬥，叫做詐軍，犯者斬首。

十六、主掌錢糧，徇私舞弊，任人唯親，士卒結怨，叫做弊軍，犯者斬首。
十七、觀敵不審，探賊不詳，虛報軍情，貽誤戰機，叫做誤軍，違者斬首。

條約公佈，三軍警醒。

韓信大軍之所以戰無不勝，與以上種種有密切關係，胯夫的神勇初現端倪。

想不到，軍紀十七條公佈的第二天，劉邦至親監軍殷蓋就撞到了刀口上。

韓信五更即到教場，升帳點視，監軍殷蓋居然未到。

他也不追問，下令三軍開始操練。

午時已過，殷蓋才從營外姍姍而來，抬腳就要進門，守門兵士擋住說：「元帥已經操練半日，各營都有軍令，不能隨便進出。如果要進軍營，必須通報旗甲，旗甲通報軍將，軍將再傳達軍政司，才能報告元帥。元帥下令進營，方可進來！」

殷蓋嚷嚷道：「怎麼這麼繁瑣？真是小人得志，就要作威作福！你們快給我說一聲，我要進營，看他韓信能把我怎麼樣？」

守門兵士依次通報，韓信叫巡哨兵拿著一面紅色牌子，來到轅門高呼：「違令遲到者進！」

殷蓋見狀，老大不悅，來到帳下，只是稍微打一個拱，就站在旁邊。

韓信說：「漢王早有聖諭，我也公佈禁令，你是監軍，這個時候才到，是什麼原因？」說完，不等回答，轉身問司晨官：「現在什麼時辰？」

司晨官稟報：「午時已過，快到未時了。」

韓信說：「我曾經與你約定，今日卯時見面，你卻超過午時才到，故意違反軍令，依法斬首示眾！」

殷蓋不以爲然地說：「下官雖然聽到將軍之言，但是今日親戚來訪，留坐飲酒，因此遲到。將軍暫免一次。」

韓信見殷蓋說得如此輕飄飄，怒從心起，喝令：「將監軍拿下，跪在帳下！」

兩名武士走上前，立即將殷蓋拿下，跪在帳下聽令。

韓信數落說：「你作爲將領，難道沒聽說過這樣的話：受命之日，則忘其家；軍中相約，則忘其親；擂鼓進軍，則忘其身。既然以身許國，何必顧念父母親戚？」而後回頭問軍正司曹參：「違令來遲，違犯軍紀哪一條？」

曹參向前回答：「與軍約會，期而後至，犯慢軍之罪，當斬首示眾！」

韓信下令：「將殷蓋斬首示眾！」

殷蓋此時已經嚇得魂不附體，企盼有人替他到劉邦那裡通風報信。可是滿營將士誰敢擅離職守？又不是嫌命太長。

不過，早先殷蓋被擒之時，已有人快馬把這個消息報告了劉邦。

劉邦聽說，忙找蕭何計議。

劉邦說：「韓信尚未出兵，就先殺我一員大將，恐怕軍心不穩，你去跟他說說！」

蕭何說：「號令行不通，往往就是因為上級的關係。為了一個殷蓋而廢除法令，怎麼能夠管理三軍將士？韓信要斬殷蓋，正是為大王行法，怎能隨便勸止？」

劉邦焦急地說：「殷蓋是我至親，改為重責，免這一次吧！」

蕭何回答說：「王法無親，古人早有明訓。大王應該為了國家著想，而不是只以親情為念。」

劉邦見一時難以說動蕭何，又怕延誤大事，忙差酈食其拿著自己的手諭，求韓信免過一次。酈食其帶一個僕人，快馬加鞭向教場飛馳而去，只見殷蓋被綁在軍營外門，正要開刀問斬。

酈食其大叫：「刀下留人，我有漢王手諭在此！」說著便撞進門去。

守門軍官喝道：「元帥軍令，軍中不可馳馬！」一下子就把酈食其揪下馬來，押到韓信帳下，隨即上前稟報：「酈大夫駕馬馳入營中，我等不敢放入，今擒拿在此，請元帥發落！」

韓信說：「軍中早有禁令，營中不可馳馬，恐防奸人驟至，偷襲營陣。酈大夫熟知兵法，怎麼會違反軍令？」

酈食其說：「我持漢王手諭——」

尚未說完，韓信問曹參：「酈大夫該當何罪？」

曹參說：「突馳軍中，犯輕軍之罪，當斬首示眾！」

韓信說：「酈大夫王有旨在身，免去其罪，將僕人斬首示眾！」

軍令下達不久，殷蓋等兩人首級已懸掛營門上，大小將校個個膽顫心驚，再無一人敢違反軍令。

酈食其救不得殷蓋，回見劉邦，伏地叩頭請罪，細說韓信將殷蓋和他的僕人斬首示眾之事。劉邦發怒說：「有我親筆手諭，韓信居然理都不理，打狗也不看主人，真是豈有此理！」

蕭何勸道：「將在外，君命有所不受，這是爲將之正道，大王何故生此大氣？」

劉邦說：「將殷蓋斬首示眾，有何深意？」

蕭何說：「這正是所謂殺權貴而威眾心，讓三軍只知主將，而不知有敵國。兵法云：『內懼主將者勝，外懼強敵者亡！』大王得韓信爲將，何愁天下不平？」

酈食其也說：「韓元帥軍威嚴謹，深得用兵之法，下臣僕人雖然被殺，但是口服心服。破楚之人，必是韓信，望大王下詔獎勵，樹立韓信軍威，讓三軍知禁。」

劉邦聽了蕭何、酈食其之語，轉怒爲喜，差人重賞韓信。三軍將校聞聽此事，都覺韓信軍威嚴格，以後更是專心聽命。

韓信開門第一刀，就砍在劉邦親信的頭上。劉邦雖然內心不滿，可是仍從大局出發，給了更大的權力。最後之所以能奪取天下，這就是奧妙之一。

第19章

附楚，還是歸漢？

申陽部將押著張良，離開洛陽五十多里，來到去彭城的必經路口。這裡有一片森林，正當他們小心行走之時，林中突然閃出一員大將，當頭大喝：「來者何人？押解何人？快快留下買路錢，否則休想過去！」

獅子是山林之王，狐狸和灰狼總是對牠畢恭畢敬，又是恭維，又是送禮。一天，獅子的腳被尖刺刺傷了，走起路來很不方便。狐狸和灰狼見了，急忙過去扶牠。狐狸對獅子說：「大王，你還是坐著別動，有什麼事儘管吩咐我好了。」灰狼也說：「以後你就整天躺著好了，我負責給你送食物。」

獅子被狐狸和灰狼侍候得舒舒服服，腳傷很快就好了。

不久後，狐狸和灰狼領著獅子在山林中巡視，故意把獅子引入獵人設下的陷阱中。獅子奮力掙扎，模樣狼狽不堪，狐狸和灰狼看了哈哈大笑。

獅子大怒道：「笑什麼？還不趕快救我出去！」

狐狸向獅子吐了一口唾沫，說：「你以為你真是大王呀！你現在只是獵人的獵物，要什麼威風？我們才不救你呢！」

獅子大聲說：「別開玩笑了，救我上去要緊，我會大大賞賜你們的。」

狐狸向獅子投下一塊石頭，咬牙切齒地說：「以前在你的面前做孫子，你不知道我們心中有多難受。現在好了，這山林就是我們的了，想要什麼就有什麼，多好啊！」說完，和灰狼揚長而去。

狐狸和灰狼不是同類，甚至還相互敵對，但是，在共同的敵人獅子面前，牠們成了暫時的朋友。

劉邦進入咸陽，實際上統一了漢中、三秦大地，但他是要爭天下的，如此仍不夠，於是立即開始討論挺進中原、席捲江南的大計。

韓信首先發言：「大王如今破咸陽，佔領三秦大地，但關東有魏豹、申陽二王未勝，如果項王率兵來攻，聯合二王，我們勢必三面受敵，對漢軍極爲不利。」

劉邦問：「那怎麼辦？」

韓信說：「尋找一位心懷韜略，極善遊說的人去遊說項王出兵伐齊，我率兵南破平陽魏豹，東破洛陽申陽，平定關東，項王也就不足爲敵了。當然，對於魏豹和申陽，也可先禮後兵。」

劉邦便問：「哪位謀士願爲寡人走一遭？」

中大夫陸賈說：「昔日大王西向伐秦，我在洛陽跟隨大王，後來進入漢中，至今已經三年，妻子父母俱在洛陽，不知存亡。臣一方面歸省父母，一方面勸說申陽歸漢，再到平陽遊說魏豹，估計兩王歸漢沒有問題。」

劉邦大喜，賞給陸賈十斤黃金作爲盤纏。

陸賈辭別劉邦後，先回到洛陽家中，可喜父母妻子皆平安無事。父母告知，幾年來，申王長期供給米糧衣服，保證一家溫飽。陸賈內心感激，急忙整衣具禮，前去拜見。申陽聽說陸賈回家，高興異常，便要派人去請。人還未派，下人傳報陸賈求見。

申陽起身迎接，喜上眉梢，滿面春風，說：「自從大夫跟隨漢王西行，久去未歸，本王終日盼望大夫回來，以表思念之情。」

陸賈說：「我奉命西行，漢王每每苦留。我見漢王是個長者，只得步步跟隨，一直去了漢中。前日漢王大軍收復三秦，進入咸陽，所以有機會回家省親。承蒙大王厚恩，父母妻子得以存活，粉身碎骨難以報答！」

申陽問：「漢王為人如何？」

陸賈答：「漢王為人寬仁大度，撫愛文臣武將。如今韓信為大將，只不過幾個月的時間，便攻下散關，定三秦，進咸陽。郡縣聞風歸順，必成大事！」

申陽說：「我也聞漢王仁義，心想歸附。但是西楚勢力強大，不敢輕舉妄動。如我歸漢，項王知道，決不肯善罷干休，唯恐此位難保。」

陸賈說：「漢王近日兵強馬壯，韓信用兵如神，如果漢兵經過洛陽，你應去迎接，免遭他人攻打。」

陸賈本來想遊說申陽歸附劉邦，但是由於申陽待他甚厚，父母親人受其大恩，就安心居於洛陽，不想再遠行了。

劉邦在咸陽久等陸賈不回，心中正納悶，突然有人上報張良已經出了藍田，將到新豐，很快就會來到咸陽。他大喜，忙差灌嬰、曹參出城迎接，並傳旨備妥酒席。韓信聽說，也派兩員將領去郊外遠迎。

聽到隊伍已進朝門，劉邦連忙步行到承德門迎接，拉著張良的手說：「很久不見先生，令我整日思念！」說完，扶張良上殿。

張良拜伏於地說：「自從辭別大王以來，雖然沒有日日侍候大王左右，我的心卻每時每刻在大王身邊。臨別之時，與大王相約的三件大事已經完成，所以現在才又回到大王身邊。」

劉邦扶起他，說：「先生妙算如神，三事皆如先生所料，我今日得出漢中，與先生在此相會，都是先生的功勞！他日定當勒名金石，永不覆滅。」

朝拜劉邦後，張良又與文武群臣見面。韓信近前道謝說：「承蒙先生舉薦，漢王破格使用，遂我心願，終身不忘先生盛德！」

張良說：「將軍初次用兵，就大顯身手，屢建奇功，威名大振，不負所舉！」

歡樂之宴，一言難盡。

次日，劉邦又與韓信、張良討論魏豹、申陽之事。

張良說：「陸賈回到洛陽，父母之邦，故土難離，怎肯遊說申陽歸漢？而魏豹名不副實，妄自尊大，陸賈絕對辦不好這兩件事。我得去走一遭，務使二王歸附大王，韓將軍方好用兵。」

韓信說：「近日我一直在想，只有先生妙算，才能說動二王歸附。陸賈之行，不過藉此回鄉而已。」

劉邦道：「先生方來相會，不忍又勞遠行。」

張良笑著說：「天下紛亂，哪裡容得飽食終日？爲今之計，還應穩住項王。我將去書項王，勸他拚力伐齊，不讓他來攻打大王。」

張良辭別劉邦後，離開咸陽，編造好給項王的密表和齊、梁檄文，派專使送去彭城，然後趕赴西魏都城平陽。

項羽在彭城多次收到咸陽求救之書，又聽說劉邦已破咸陽，建都關中，郡縣望風歸順，不日就要東進，自是大怒，欲發兵攻打。

范增說：「我昔日屢次推薦韓信，懇請委以重任，如果不用，必須殺之，以絕後患。不想他今日歸漢，竟會幹出這等大事，實在令人難以忍受！」

項羽說：「章邯老而無用，司馬欣、董翳全是鼠輩，咸陽又無大將鎮守，因此誤中韓信奸計。雖然失此數處，也不足憂，量一名胯夫，何足道哉？我大軍一到，定叫劉邦、韓信束手就擒，如此才可消心頭之恨！」

項羽、范增等人正在議論，有人通報韓國張良獻上密表和書信。

項羽拆開密表，上面說：

韓國司徒臣張良，頓首上方大西楚霸王陛下：

臣良蒙陛下不殺之恩，放歸本國，得以安葬故主。日日入山採藥，臨溪飲水；夜夜宿於蓬萊仙洞，沉湎於煉熬金丹。然而，從未忘記陛下盛德。近日漢王欲招臣，臣以疾力辭。並非一招不往，即使百招也不敢往，只因齊、梁二國也來召臣，傳來檄文，語言狂妄，有圖天下之心。臣蒙陛下聖恩，既知齊、梁作亂，不敢隱忍不言。我猜依漢王見識，欲得關中，不敢東進。而齊、梁二國傳檄天下，志不在小，恐為陛下後患。請大王即發大軍攻打齊、梁，則大事能定。如果漢王有他志，大王轉兵西進，一鼓可擒……

項羽看完密表，又拆開書信，只見是齊、梁檄文，文中說：

天位以德而居，至大德盡大公；無德不足居天子之位。項羽、劉邦，受懷王之約，先入關者為王，天下諸侯共聞。劉邦兵不血刃，南入關中，當為秦王。而項羽違背懷王之約，左遷諸侯，大逆不道，弒殺義帝，既無德，又不公，實桀紂之流，亡秦之續。……庶民百姓，人人可討之，個個可誅之……

怒！項羽大怒難禁，下令先滅齊、梁，再伐韓信。

范增看了張良的密表和齊、梁檄文，卻說：「陛下息怒，此書乃張良怕大王西征，故意激起聖怒，好方便劉邦行事。當然，齊兵勢大，不可不先伐，可從張良之計。但是，心腹大患實是劉邦，不可輕忽。請傳旨西魏，嚴加防範，阻止漢兵。大王先伐齊、梁，然後揮師伐漢，切切不可遲疑。」

項羽准奏。這次，竟連范增也中了張良之計！

西魏王魏豹聽說韓國張良來見，問左右說：「張良為何到西魏？」

大夫周叔說：「張良是一個說客，即使是蘇秦、張儀也趕不上。這次來魏，一定是替漢王劉邦作說客，大王要小心對付。」

魏豹拔出配劍，說：「如果張良來遊說我，我這把鋒利無比的寶劍，正可用來誅殺此等狂士。」

周叔說：「張良是名士，天下人所共知，即使是西楚霸王也不會殺他。大王只要以禮相待，不輕易聽信他的話就行了。」

魏豹吩咐左右，請張良入內相見。

與張良施禮畢，魏豹說：「聽說先生在漢王麾下效勞，今天來此有何見教？」

張良說：「漢王伐秦經過韓國，借臣前往。漢王入漢中之後，我就已經告辭回到韓國。漢王近日東征入咸陽，屢次差人喚我。我久無功名利祿之心，但是念在漢王是一位忠厚長者，過去也曾受過他的知遇之恩，不去拜會他一次，有失人之常情。而今辭別，準備回國，正好路過西魏，聽說大王是一位有德之君，賢名響徹六國，路人稱頌不已。我平生仰慕威德，今日到了魏國，豈有不求一見之理？」

馬屁人人愛聽，魏豹聞言，心中高興，忙叫左右設宴款待。

酒席之間，再問張良：「今日又是六國縱橫，楚、漢分爭，憑先生見識，哪國當興？哪國當亡？先生深曉天下之事，定有高見！」

張良說：「從天下大勢來看，漢當興，楚當敗。漢王出生之日，即有瑞兆。如今平定三秦大地，智取咸陽，天下回應，兩月之內，佔有地方五千里，非人力可為。我雖然是韓國人，聽說漢王進入咸陽，仍不遠千里，只求一見。各路諸侯都上表歸附，齊、燕大國納貢為臣。我夜觀天象，漢王必為天下之主。楚國今日雖然強大，但諸侯反叛此伏彼起，若有一天銳氣受挫，天下諸侯無不叛離，豈能長久？齊、燕之王知天命，識時務，一心歸漢，期圖久遠富貴榮華，真為遠見卓識。齊、燕尚且如此，何況其餘小國呢？人心如此，不用推論，也知漢當興！」

魏豹聽了張良之言，忙起身敬酒，說：「按先生的說法，漢王一定會得到天下，我也常常思考，雖然受封為王，卻是孤立無援，恐難長久。先生所言，牽動了我平日憂慮之心，欲將西魏歸附漢王，不知先生可否引見？」

張良說：「如果大王有心歸漢，漢王大度，必定會患難相保，與大王共享富貴，平日之憂可免。」

在屏風後面的周叔聽到這裡，深感不妙，忙從後頭走出，來到魏豹前面，說道：「大王，切切不可聽信張良之言！如果項王知道，必然興兵與魏為敵，大王到時要怎樣對付？」

張良聞言，大笑不止。

周叔不解，「先生何故大笑？」

張良問：「我笑大夫不知強弱之變，不識時務之機，不曉得霸王為人。」

周叔答：「何為強弱之變？」

張良說：「秦將章邯被項王封為雍王，擁兵數十萬，鎮守西秦，西魏與他比較，誰強誰弱？然而，韓信兵出陳倉，智取散關，水淹廢丘，章邯授首，攻勢就如秋風捲落葉一般，哪裡像項王那樣久戰不絕，弄得師勞力竭？大夫剛才所言，就是不知強弱之變。」

周叔又問：「什麼叫不識時務之機？」

張良說：「天下有一定之時，一定之勢。當今天下，時與勢都未有定準。項王恃強暴虐，專行殺戮，雖然曾經分封諸侯，但是未得其時。項王不在關中建都，而建都彭城，雖霸諸侯，卻失去了人心，未得其勢。漢王隆準龍顏，天命所歸，輕入關中，兵不血刃，知人善任，民心歸附。漢王得天時，審大勢，大夫卻不願歸依，所以說你不識時務之機。」

周叔繼續問：「霸王又是如何為人？」

「霸王記小過，忘大恩。齊、燕無過，封王未久，舉兵討伐，讓兩國國民無寧日。由此來看，西魏也難平安無事。不早準備，要是項王破齊、燕後轉攻魏，大王能與之抗衡嗎？由此可見，大夫不瞭解項王為人。」

魏豹見周叔被張良駁得無言以對，忙說：「先生之論，正合我意。快寫文書，準備禮品，同子房先生入關中依附漢王……」

張良一席話把魏豹、周叔一一說服，主動歸附劉邦，完成了他的第一項使命。接下來又準備親去洛陽說服申陽，臨行前與韓信密議。

韓信說：「陸賈一去不回，申陽恐怕不肯依附漢王，先生此去，必須……」小聲囑咐了一番。

張良大喜說：「我也是如此考慮！」

韓信又對樊噲、灌嬰說道：「你二人帶領三千人馬，一律聽從子房先生之令，確保大功告成。」

張良帶著二將及三千人馬前往洛陽。出咸陽不遠，吩咐樊噲、灌嬰如此這般，兩人引兵自去。

不出一日，張良來到洛陽，到王府求見申陽。

申陽正與陸賈談論國事，聞報忙問：「張良爲何而來？」

陸賈說：「張良一定是替漢王作說客。大王有心歸漢，就聽從他的言語；如果一心向楚，可將張良押往項王處獻功。亞父范增深恨張良，大王一心歸楚，必然得到項王寵幸，這就是所謂害一人而成大事。」

申陽說：「我受項王之封，豈有歸附漢王之理？」

陸賈說：「大王既然依一心向楚，我暫且迴避。大王與張良相見，不能讓他開口，即令武士擒拿，星夜押去彭城。」

陸賈知道張良天生辯才，只要一開口，申陽必定猶豫不定，所以獻此歹毒之計。申陽連稱妙計，傳令門官喚張良晉見。

張良許久才聽到召見之聲，心中早已盤算清楚：申陽商議多時方來喚，一定是陸賈定計要擒我，豈知我也算好等你了！

他不慌不忙，徐步入見申陽。

申陽在殿上見張良遠遠到來，早已手握劍柄，大呼：「張良是漢王說客。楚王有旨，遇到張良，立即擒拿，囚赴彭城！來人，給我拿下！」

武士一擁而上，在殿上將張良綁縛起來。真是秀才遇到兵，有理說不清。張良一言不發，任憑擒拿，只是暗中感歎。

申陽即令一員部將帶兵士百名，押著張良奔赴彭城。

陸賈見捉了張良，進言說：「一個部將去見項王，恐怕難以對答。我願隨行，順便打聽項王伐齊的情況，也可與范增進一步通好。」

申陽備辦禮品，打點停當，叮囑陸賈速去速回。陸賈告辭，帶著十幾個僕人，從洛陽大路去追趕押送張良的隊伍。

申陽部將押著張良，離開洛陽五十多里，來到去彭城的必經路口。這裡有一片森林，平時便常有土匪出沒。

正當他們小心行走之時，林中突然閃出一員大將，當頭大喝：「來者何人？押解何人？快快留下買路錢，否則休想過去！」

部將出面說：「我是洛陽王部將，今領王命押送囚犯去彭城見項王。你等草寇小賊，快快退去，以免自尋死路。」

那大將大怒道：「項王、申王又怎樣？在我心中，不過跟白癡差不多！」說完，舉起方天畫戟直殺過來。

部將一行人不是對手，落荒而逃，大多被刺死。陸賈正好趕來，立即被捉住，捆了起來。

此人不是別人，正是漢王大將樊噲，奉張良之命，在此已經等候多時。

張良在樹林中坐定，眾人將陸賈帶到他面前。

張良責備說：「你跟著漢王幾年，他一直待你甚厚，如今你卻叫申陽拿我，如果不是我早已料定，必遭毒手。你說，這是不是背德忘恩？」

陸賈辯解說：「我跟隨漢王，情況與先生相同。先生念念不忘韓國，我也念念不忘申王。陸賈不敢有二心，先生難道有二志？先生決心為韓國報仇，陸賈不過為申王盡心而已！先生怎能責怪陸賈背德忘恩？」

陸賈也不是省油的燈，反問張良，不能說無理！

張良說：「算你花言巧語。你難道不知漢王是忠厚長者，應該力勸申陽歸漢，怎麼一心侍奉項王，反與漢王爲敵呢？」

陸賈說：「我問申王是要事漢，還是事楚？申王說受楚封，只事楚，我便想出擒拿先生獻給項王之計。」

張良說：「漢王、項王，誰仁誰暴？誰寬誰殘？難道不是一目了然嗎？你怎麼不勸主人棄惡揚善？」

樊噲說：「陸賈擒先生獻給楚王，以此表示對申陽忠心；我擒拿陸賈獻給漢王，也可以表示我的忠心。先生不要再和他辯論了！」說完，將陸賈押著，向西而行。

押送張良的一百軍士只剩十餘人，急忙逃回洛陽，報告申陽張良被盜匪搶去，又押走了陸大夫，殺死部將，他們死命逃回。

申陽一聽，大怒說：「該死的盜匪，竟敢如此恣意妄爲！」急點一千人馬，開出洛陽，趕到大樹林中，卻空無一人。詢問附近村莊，只說：「早些時候，有一群人馬經過，但不知往哪條路去了。」

申陽與左右商議一番，欲往大路去趕，卻見大路上走來三五個行人，帶著各種行李。他尋思，盜匪如走大路，這些人的行李豈不被搶去？派人上前去問，果然，眾人說：「前面路上沒有馬匹。」

申陽調轉人馬，往小路拚命趕。

小路難走，溪澗曲折，走不上十來里路程，天色漸暗。申陽害怕賊人害了陸賈性命，可是道路難行，進也不是，退也不是。正巧這時，一聲炮響，照得四周通明，樊噲一馬當先，舉起方天畫戟，大喝一聲：「看在陸賈的面子上，饒你不死！」

申陽倉皇之間，勒馬回頭便走。樹林中轉出數人，絆馬索齊發，絆倒坐騎，眾軍一擁而上，將他拿下。

樊噲下令鳴金收兵，綁縛申陽，來見張良。

張良秉燭高坐帳上，見軍卒押著申陽過來，急忙下帳親解綁縛，扶於座上，拜伏在地。「張良奉漢王之命，恭請大王合兵伐楚，爲天下除暴安民。不料大王不從，捉拿張良送楚請功。幸好張良預先設下這條計策，方將大王騙出城。樊噲等人深恨大王陷害我，意欲加害，多得陸大夫再三求情，因此沒有下手。我看漢王是一個有德長者，不是項王殘忍之輩，大王理當歸附，永保富貴，請三思。」

陸賈也從帳後急出，勸諫說：「大王應該聽從張司徒之言，歸附漢王，永保富貴。如今洛陽城已被灌嬰奪去，大王也無家可歸。樊噲將軍因大王擒拿子房先生，欲要加害，臣再三哀求，方得保全。漢王手下英雄豪傑眾多，大王不可違反天命！」

申陽說：「事已至此，勢不容己，就請張先生和我一齊到洛陽，等我安置眷屬妥當，就與陸賈去見漢王。」

張良答應，與申陽、樊噲、陸賈一行人，帶著隊伍來到洛陽城下。洛陽城頭遍插漢軍紅旗，軍士林立，四門緊閉。

灌嬰立在城頭大呼：「我奉張軍師之命，昨晚已進城安民，閒雜人等不得出入。」

中陽見狀，目瞪口呆，方信陸賈所說灌嬰奪城之語，暗嘆張良真是神機妙算。

張良下令開門，灌嬰叫人打開城門，放下吊橋，迎接張良一行人進城。城內安然如故，雞犬不驚。

中陽說：「漢王的確知人善任，看到這些便知用兵如神。」說著，請張良、樊噲進入朝內。

灌嬰說：「子房先生、樊將軍，不可入內，恐有變。我大營在此，請大王與軍師、樊將軍在營中相會。」

中陽歎道：「漢王手下有如此人物，怎麼能不統一天下呢？」而後折箭發誓說：「大丈夫一言既出，絕不更變！張司徒、樊將軍不是常人，漢兵把守四門，灌將軍在此紮營，洛陽已為漢地，將軍不用多疑。」

正在言語，士兵報告：「大將周勃、柴武統領精兵三千，前來接應。現在城下駐紮，欲見軍師。」

張良忙道請進。二將拜見後，也與中陽、陸賈一一見過。

張良問：「二位將軍，為何引兵遠道而來？」

二將說：「軍師離開咸陽二日，元帥放心不下，又差我二人前來接應。沿途都有探子傳報消息，元帥說這叫飛報軍情。我們剛出潼關，就已經知道軍師智取洛陽。」

申陽聽說，驚訝不已，忙邀張良與眾將入內，設筵款待。

次日，張良帶著眾將和申陽、陸賈趕赴咸陽，漢王升殿迎接，張良將計誘申陽出城等事細說一遍。劉邦大喜說：「如果不是先生巧施妙計，哪能如此輕而易舉？」遂召申陽、陸賈晉見。

劉邦以重禮迎接申陽，申陽內心臣服。

陸賈面帶愧色，拜伏於地，口稱「該死」。

劉邦說：「人人都有故鄉舊里，既到本國，怎麼又有再事奉他人之理？你爲洛陽王著想，也是正理。今日來見寡人，不過遵從洛陽王的命令而已。我不會責備你，你也不必慚愧。」

世人皆稱道，劉邦利用張良之計，不斷擴大周邊實力，可謂言聽計從，不失帝王之舉。張良激怒項羽，巧說魏豹，以身爲餌釣申陽，寬宏大度釋陸賈，不愧帝王之師。

第20章

用人當用長

魏無知說：「我向大王推薦陳平，是因為他有才能。如今楚漢相爭，推薦的是奇謀之士，只考慮他是否真正對國家有利！」

陳平是劉邦的傑出謀臣，屢出奇謀妙計，爲定天下立下了不可磨滅的功勳。劉邦論天下英雄之時，雖然沒有將他列入漢初三傑，但其奇謀韜略足以與帝師張良媲美。他的沉著、穩重不如張良，但是在急中生智方面，張良不及。劉邦奪取天下之後，張良恪守「無爲」，隱身自保，陳平則一直在官場活動，最後輔助漢文帝治理亂世，充分表現出戰國時代縱橫家的精神。

陳平是陽武（河南省原陽東南）戶牖鄉（河南省蘭考東北）人，少時家貧，喜好讀書，跟著兄嫂同住，僅有薄田三十畝。其兄陳伯寬厚仁慈，自己埋頭耕耘，供養弟弟讀書遊學，但嫂子見他整日遊手好閒，心中很是不滿。

一次，有人問：「你們家這麼窮，陳平怎麼吃得白白胖胖，長得如此魁梧？」嫂子冷言冷語地回答說：「他只不過滿肚子秕糠罷了！有這樣的小叔子，還不如沒有的好。」

陳伯聽說此事，立刻休掉妻子，可見對其弟厚愛之至。

陳平已經到適婚年齡，然而高不成低不就，有錢人家的女孩不肯嫁給這樣一個窮書生，貧窮人家的女孩，他又看不上。

同鄉有位富戶叫張負，孫女五次出嫁，但都不幸死了丈夫，人們說此女剋夫，再無人敢問津。陳平聞訊，想要娶她。恰逢邑中死了人，他知道張負主持操辦喪事，刻意去幫忙，好好地在張負面前表現了一番，獲得不少的好感。

張負見陳平一表人才，做事精明，有心與他交往。到陳平家，看到陳平家居窮巷，靠著邑中圍牆搭一個斗室。人們常說家徒四壁，陳家卻是家徒三壁，有門無窗，門上掛著一張「弊席」，擋風尚且不能，防寒恐怕更成問題。但是張負慧眼獨具，見門口有大車、大馬來往之跡，認定此人不是平常之輩。

回到家中，他叫來兒子張仲說：「我準備把孫女嫁給陳平！」

張仲吃驚道：「陳平家中一貧如洗，不會耕田持家，全無生計本領，縣中之人都恥笑他的所作所爲，父親怎麼突然提起這件事？」

張負說：「像陳平這樣形貌奇特之人，不會一直貧困下去。」

後來，張負果真作主把孫女嫁給了陳平。因爲陳平家貧，特地借給他許多錢米，作爲娶親之資，又送給他不少酒肉，招待親朋。

他還告誡孫女：「妳不要因爲他貧窮，而對他不恭不敬，有失婦道。對待陳平的兄嫂，要像對待父母一樣！」

張負的孫女五喪其夫，人生道路不平，早已在心靈深處刻下了深深傷痕，六婚嫁得一位美男子，自然溫柔備至，關懷有加，陳平被她侍候得樂不可支。

得到富翁相助，賢妻支持，「資用益饒，遊道日廣」，陳平開始由家庭走向社會。

陳勝、吳廣起義，周市略地河南，擁立魏國舊公子魏咎爲魏王，周市自任魏相。公元前二〇八年六月，魏王咎率師與秦少府章邯在臨濟（河南省封丘東）開戰，陳平邀約數人去投奔魏王咎，被授以太僕之職。

太僕是近臣，專管魏王車馬出行事宜。可陳平屢次向魏王咎獻計，不僅得不到採納，反而遭人疑忌，受人讒毀。他知道魏王咎乃庸庸之輩，難成大事，毅然出走，另找出路。

公元前二〇七年冬，項羽帶兵到了黃河之濱，北擊秦軍，解趙王歇鉅鹿之圍。陳平此時投奔到項羽麾下，參加了驚心動魄的鉅鹿大戰。跟隨進入關中後，被授以卿爵，但仍未受到應有的重視，因為項羽缺乏識人的才智。

漢元年（公元前二〇六年）正月，項羽宰割天下，分封諸侯。劉邦四月進入漢中，八月就起兵平定三秦大地。

漢二年（公元前二〇五年）春，殷王司馬卬背楚附漢，項羽派陳平率兵征討，官封信武君。陳平初試鋒芒，收降司馬卬，項羽封他為都尉，還「賜金二十鎰」。

同年三月，韓信巧妙誘敵，抓獲了司馬卬，盡占殷地。項羽惱羞成怒，遷怒陳平，「將誅定殷者將吏。陳平懼誅，乃封金與印，使歸項王，而平身間行（暗中逃走），杖劍亡。渡河，船人見其美丈夫獨行，疑其亡將，腰中當有金玉寶器，目之，欲殺平。平恐，乃解衣裸而佐刺（划）船。船人知其無有，乃止」。

陳平無端遇險，掛印封金，逃離項羽，黃河邊上遭逢水賊，急中生智，有驚無險，反應敏捷，堪稱一絕。

趕到河南修武，陳平投奔舊友魏無知。魏無知向劉邦推薦。劉邦在鴻門宴上曾得到陳平幫助，因此置酒相待。

酒席過後，劉邦準備送客。陳平說：「我因事來投漢王，所言之事，一定要在今日講完！」

劉邦於是與陳平交談。談的什麼內容？史無記載，在此不多推測。可以確定的是，「王與（陳平）語而說（悅）之」。

劉邦問：「您在楚國官居何職？」

陳平回答：「為都尉。」

劉邦當天就封陳平為都尉，「使為參乘，典護軍」。「參乘」就是陪乘。古人乘車出行，駕車手位於中間，尊者位於車之左面，參乘位於車之右面。陳平一下子成了劉邦近臣。「典護軍」負責監護三軍，相當於今日的監察部長。

諸將看到陳平一步登天，一片譁然，對劉邦說：「大王得到一個楚國降兵，還不知道他的品行高下、才能大小，便官封都尉，同車共載，還叫他監護三軍，未免抬舉過分，恐失舊將之心。」

劉邦自有眼光，不為閒言碎語所動。

之後，他征伐項羽，大敗彭城而回，收散兵進守滎陽，不知什麼原因，加封陳平為副將。估計是陳平爲他出了什麼秘計。

早已心懷醋意的大將們終於按捺不住，開始極力詆毀陳平。

大將周勃、灌嬰一起去找劉邦，進讒言說：「陳平身材魁梧，面如冠玉，但是未必有真才實學，品性未必高尚。我們聽說，陳平曾經與嫂子私通；在魏王咎手下，爲人不容；逃亡楚國，又因無能而不被重用。我們還聽說他曾經受人賄賂，送金子多的人，便分派他幹個好差事，否則，便安排他幹些不好的差事。這是一個反覆無常的亂臣，希望大王當心！」

後世之人經常舉例說，陳平是有才無德的典型，開口閉口就說陳平「昧金」、「盜嫂」。其實，盜嫂之事，完全無案可查。《史記》記載，陳平有一嫂，曾因說他「徒有其表」，被他大哥陳伯（**大概就是陳老大**）休了。後來他娶張負之孫女，張負跟孫女說過「事兄如事父，事嫂如母」的話，可能陳伯又娶一妻，但是，史書沒有記載陳平與她私通，想來是周勃、灌嬰信口雌黃，故意製造桃色事件，以詆毀政敵。

至於「昧金」，八成也是子虛烏有。陳平在鄉中的時候，曾爲社裡分配肉食「甚均」，父老鄉親讚美他：「善，陳孺子之爲宰！」可見早年胸有大志。後來他離開項羽，掛印封金，一貧如洗，不像是貪財之輩。

不過，從《史記》記載來分析，陳平曾說「臣裸身而來，不受金，無以爲資」一語，他可能的確收過漢軍將士的金子，大概是取之於民，用之於民，相當於今天的「禮品交公」。

劉邦聽多了周勃、灌嬰的讒言，也感到陳平行跡可疑，叫來他的推薦人魏無知，加以責備，並轉述周勃、灌嬰之語。魏無知並非「無知」，而是相當「有知」。他有知人之明，不但能向劉邦推薦陳平這樣的曠世奇才，還能根據劉邦豁達大度，求賢若渴的性格和心理，做出充滿哲理的回答。

他說：「我向大王推薦陳平，是因爲他有才能。大王如今責問的，卻是陳平的品行。陳平即使有尾生、孝已那樣的高風亮節，對於大王的勝負有什麼用呢？又能夠叫他幹什麼呢？如今楚漢相爭，我推薦的是奇謀之士，只考慮他是否真正對國家有利！至於說陳平私通其嫂，受人賄賂，我管不了，這與爭奪天下有什麼關係？」

「尾生」何許人也？

《莊子．盜蹠》中說，尾生與一女子相約橋下相會，約定時間已過，這位女子還沒來，河水暴漲，他抱住橋柱，不幸被水淹死，是傳說中守信之士的代表。

孝已則是殷商宗武丁之子，以孝行名垂後世。

陳平是不是與嫂私通，不是一句兩句話說得清楚的，這是一樁案件，需要立案、取證、審理、結案……受賄賂一事，也是同理。魏無知避實就虛，劉邦雖然善辯，也無可奈何，但他隨即又「召讓平」。

「讓」就是責備。他不好「讓」陳平「盜嫂」、「昧金」，大概是這類事太小，不便啓齒，或許也是因爲剛剛被魏無知說得無言以對，不想再在當事人面前自討無趣，所以換了一個話題，要「讓」（責備）陳平「信」的問題。

劉邦說：「先生先事魏，又事楚，如今又與我交遊，講求信用的人是這樣的嗎？」

陳平並不直接回答劉邦的「讓」，而是大講一通用人策略，分析對比不同的用人策略，說出項羽、劉邦在政治上的得失。

他說：「我曾事奉魏王咎，魏王咎不能採納我的奇謀妙計，所以我去投奔項王。項王用人唯親，委官封職，不是項氏宗族，就是舅子姑爺，即使有曠世奇才，也得不到重用。我聽說漢王您能夠任人唯賢，所以又來投奔你。我身無分文，囊中如洗，不接受別人饋贈的金錢，拿什麼去爲大王辦事呢？我的建議，大王果真能夠採納，那就採用。如果不想採用，那些錢財原封不動，我立即交官，希望大王放我走吧！」

陳平此論豈只是一篇答話，簡直是一篇絕妙策論，更爲妙者，這也是一種晉升法。他批評魏咎不能採納良謀，批判項羽任人唯親，卻歌頌劉邦任人唯賢，把劉邦一直往上推，自然讓人獲得心理上的滿足。

劉邦聽了陳平的妙論，「乃謝，厚賜，拜爲護軍中尉，盡護諸將」。不僅得到了重賞，還升官爲護軍中尉，專門監督諸將，「諸將乃不敢復言」。

第21章

用計

韓信查驗渡河器械完畢，命令灌嬰率兵數千，搖旗吶喊，登船佯攻，準備渡河。他則和曹參統領大軍搬運木罌，星夜趕到夏陽，將木罌放於黃河中。

彭城一戰劉邦慘敗，幸虧張良及時調度，派韓信出戰。韓信利用車戰打敗項羽，楚、漢雙方罷兵。項羽清點軍馬，損失慘重，忙招范增問計。

范增說：「如今新敗，不可用兵。劉邦在彭城用魏豹爲主將，喪師辱軍，魏豹時刻害怕被治罪。如今劉邦返回關中，魏豹告假回歸河南，一定意欲再次糾集人馬，謀求獨立。大王差遣一位能言善辯之士，只需數句言語，必然說動他反漢附楚。漢軍之中，只有韓信才能抵擋魏豹，我們趁其攻打之際，乘虛奔襲滎陽，何愁大事不成？」

項羽連稱妙計，忙問何人可派去說服魏豹。

項伯說：「我跟一相命先生許負的私交不錯，此人正在河南，與魏豹深交。魏豹每遇大事，都會叫此人看相行事，而且言聽計從。我寫一封書，差人送給許負，只需一言半語，大事必成。」

范增在一旁稱善，項羽於是叮囑項伯依計行事。

許負接到項伯專人送來的信件，盡知詳情，認爲項羽勢大、項伯情重，立即前往魏豹府中拜見。魏豹此時也正想請許負爲他相面，忙叫請入。

魏豹說：「我正要派人相請先生，看看近日氣色如何？」

許負一聽，正好就湯下麵，「大王未曾用過酒食，正好看看貴氣。」

魏豹忙說：「有請。」

魏豹近來兵敗，十分勞頓，滿臉晦氣，在許負眼中看來，毫無良兆可言，只得玩弄相命先生的如簧巧嘴，說道：「大王貴相，紅光滿面，喜氣重重，百日之內，心想事成，大功立成，豈只王爵之尊，九五之位也可到手。」

一句話，正好說到魏豹的心坎上。

許負接著說：「願觀王后尊面，看看後宮之氣。」

魏豹忙叫他的妻子出來。許負一見，伏地便拜，「娘娘貴不可言！他日當母儀天下，下臣絕不敢謬言。」

魏豹暗喜，心想我有九五至尊，夫人怎不母儀天下？

許負走後，魏豹準備起兵反漢。大夫周叔勸他「切切不可」。

魏豹說：「漢王劉邦前日用我爲大將，不想大敗，被他羞辱一場，奪去帥印。而今韓信爲帥，大敗項羽。劉邦這傢伙整天當著諸將面前罵我，早晚必然加害我，今日不反，更待何時？」

周叔勸諫說：「千萬不可。漢王寬厚，天下歸心。韓信用兵如神，項王尚且不能抵敵，大王兵微將寡，怎能與漢兵爲敵？專心跟著漢王，您就不會失去魏王之位，不可欲心太重！」

魏豹說：「天命所歸，哪裡是由弱強來決定？許負的相法，不是你們這些人可以知道的！」

周叔說：「先論人事，再說天理，人定勝天。輕信相士胡言亂語，倉促興兵，亡在旦夕，大王切不可為！」

魏豹大怒，叱退周叔，命柏直為大將、馮敬為騎將、項它為步將，封鎖黃河渡口臨晉關，阻止漢軍渡河，又上表復降項羽。

再說劉邦回到咸陽後，立劉盈為太子，大赦天下，罪人充軍，命蕭何輔佐太子守衛關中，制法令，立宗廟，建社稷，修宮室，置郡縣，穩定後方，籌備給養，補充兵源。

公元前二〇五年八月，劉邦返回滎陽，督兵東征天下。聽說魏豹已反，笑著說：「匹夫反叛，能成什麼大事！」就要興兵征討。

酈食其說：「大王兵馬久動未息，如又興師，唯恐師勞力竭。我與魏豹交好，願去以理勸他，如果他不回心轉意，再征討也不遲。」

劉邦自然高興地說：「如果先生憑三寸之舌說服魏豹來降，不戰而屈人之兵，可是萬金之力，千城之功。」

酈食其來到河南，直接去見魏豹。

魏豹說：「故友遠道而來，是要為劉邦當說客嗎？」

酈食其說：「我不顧路途勞頓，不是為我自己打算，實在是念及故人之情，特來陳說利害關係，大王何必疑為說客呢？」

魏豹笑著說：「先生請說吧！」

酈食其說：「人不能首鼠兩端，腳踏兩條船。多疑之人常是敗家，反覆無常之人，往往自取其辱。如果大王昨日降漢是對的，那麼今日投楚就錯了；如果大王今日降楚是對的，那麼昨日投漢就錯了。是非顛倒，反覆無常，豈不自遭其禍？況且當今天下大勢，不識時務者，認爲楚強；能明天之大勢者，必然知道漢王當興，楚王當敗。漢王寬仁，而項王暴戾，漢王明智，而楚王愚蠻，不用細說，已是明明白白的事情。大王歸漢，實爲上計，如今復歸楚王，實在是反覆不定。以我之見，不如罷兵息戰，一心一意依附漢王，可以永保富貴。」

魏豹說：「漢王謾罵無禮，辱人太甚。我既然已經動念，沒有再生反覆之理。大丈夫頂天立地，豈肯久居人下？即使蘇秦、張儀再生，我的心也不會改變！」

酈食其知道他已經鬼迷心竅，非言辭可以說動，十分惋惜，告別回報。

劉邦問：「魏豹主將是誰？」

酈食其答：「柏直。」

劉邦說：「此人乳臭未乾，黃口小兒，怎能比我大將韓信？騎將是誰？」

「馮敬，秦將馮無擇之子。」

「此人雖有賢名，但是缺乏智謀，不能敵我灌嬰。步將是誰？」

「項它。」

「不能抵擋我的曹參。我可以高枕無憂了。」

劉邦任命韓信爲左丞相，與灌嬰、曹參率兵攻打魏豹。

韓信得令，詢問酈食其說：「魏豹沒有任用周叔爲大將嗎？」

酈食其回答：「是柏直。」

韓信大笑：「只不過是黃毛小子，不足爲懼！」遂揮師進兵。

韓信率領漢兵來到臨晉津（陝西大荔東朝邑舊縣城東黃河西岸），看見魏兵早已到來，只得傳命兵將紮營，與魏豹隔河相拒。

韓信密令灌嬰：「魏豹憑藉黃河天險，不設舟橋，不用船隻，我軍一時難以打造這些器械。你帶著能工巧匠伐木打造木罌，此物渡河最方便。」

灌嬰領命而去，監督工匠加緊打造，不久就造出數千個木罌。韓信又令他砍伐木材，將木罌縛上，製成筏子。

韓信一面加緊製造各種渡河器械，一面親自帶領士卒在黃河邊上練習渡河，做出強攻過河的樣子。

魏豹、柏直看到漢軍在對岸操練演習，更是加倍小心，四處抽調兵將防守。

天傍晚，韓信查驗渡河器械完畢，命令灌嬰率兵數千，搖旗吶喊，登船佯攻，準備渡河。他則和曹參統領大軍搬運木罌，星夜趕到夏陽（陝西韓城南），將木罌放於黃河中。每個木罌可載二、三個士兵，用木作槳，向對岸划去。木罌筏子則運載車馬輜重，往對岸渡去。

大隊人馬渡過黃河，居然沒有碰上一個魏國之兵。

漢軍渡過黃河，往北不斷推進，一路席捲而去，魏兵難以抵敵，很快攻佔安邑（**山西夏縣北**）。魏豹聽說漢軍已從夏陽渡過黃河，安邑等城先後失守，一時六神無主，戰戰兢兢。倉促之間，急率大隊人馬離開臨晉渡口，回師救急。漢兵與魏兵在曲陽相遇。漢兵本來孤軍深入，有進路無退路，韓信、曹參親自督戰，無不以死相拚。

魏豹乃膽怯無謀之輩，見漢軍如潮水般席捲而來，喊聲、鼓聲，震得大地發顫，立刻失去鬥志，搶先逃跑。群龍無首，魏軍紛紛潰退。漢軍乘勢追趕，哪肯有半點鬆動？魏豹逃到東垣，被漢軍團團圍困。外無救兵，內無鬥志，窮途末路，只剩下一條路——下馬伏地，投降。

眾將押魏豹來見韓信。

韓信說：「漢王命你爲元帥，統領幾十萬大軍，睢水一戰喪師三十多萬，睢水斷流。主上不忍加誅，只是奪去帥印，不失王爵之貴。誰知你不僅沒有感激，反而聽信術士謊言，貿然起兵謀叛。如今被擒，本當殺戮，但念你爲一國王爵，若漢王寬恩，或許可免你一死。」

韓信令軍士用囚車監押了魏豹，驅兵攻佔魏地，安撫百姓，令周叔暫管國事，並派人押送魏豹及其家屬去滎陽，聽候劉邦發落。

魏豹押到，劉邦一見勃然大怒，下令推出斬首。魏豹嚇得雙腿發抖，下跪求饒。劉邦見此情況，可憐之意頓生，又念此人曾經東征彭城，膽小無能，難有什麼作爲，遂饒恕不殺，只將他痛罵一頓。

魏豹撿得一命，叩頭謝恩，唯唯諾諾而退。

劉邦又下令，魏豹家屬沒官爲奴，帶上堂來過目。魏豹夫人薄氏長得花容月貌，令先發往織室作工。薄氏後來成了劉邦之妾，生子接位爲漢文帝。許負看相時說夫人「母儀天下」，果真不是虛言！

魏豹的確是無能之輩，一戰爲虜，成爲千古笑柄。韓信用兵神鬼莫測，項羽尚且難以支撐，何況是他？

韓信平定魏地後，雄心大發，向劉邦提出全盤計劃：只要再增撥三萬兵力，便能夠將中原重新納入掌控中。

他計劃以魏國首都安邑作攻擊發起點，再向北攻略趙國和燕國，並東擊齊國，向南切斷楚軍攻打滎陽時的糧食補給，徹底奠定楚漢南北對抗的局勢。

劉邦自然很嘉許這份雄心壯志，但一方面也對韓信的野心感到不安，於是特別派出在中原頗具影響力的張耳率軍前往支援，暗中則令他監視韓信。

代地是由趙國分出的北方小國，趙王歇當年曾被項羽移居於此。陳餘奪得趙國大權後，趙王歇以代國封賞。除餘派偏將夏悅以相國之職守衛代國。

韓信用聲東擊西之計大敗魏豹，盡定魏地，設置河東、上黨、太原三郡，訓練兵馬，等待劉邦增兵。不久，張耳率三萬漢兵到來，開始進攻。

韓信爲了翦除趙國羽翼，決定先攻代國。他率領漢軍人馬直撲代郡，很快用奔襲之法奪取了代國。

公元前二〇四年十月，韓信發兵，由代地進攻趙國。

趙王歇與陳餘聽說韓信已滅夏悅，奪取代地，忙引兵馬駐紮在井陘口，號稱二十萬大軍，阻止漢軍前進。

井陘口是個什麼地方呢？

井陘口位於現在河北省井陘縣北的井陘山上，又叫井陘關，也稱土門關。

宋白《續通典》說：「鎮州石邑縣有井陘山，甚險固。」

《穆天子傳》注：「燕、趙謂山背爲陘。陘山在縣東南十八里，四方高，中央低，如井，故曰井陘。」

陳餘的二十萬趙軍，就駐紮在這易守難攻之地，專等韓信、張耳來攻，彷彿在守株待兔。韓信當然不會輕舉妄動，把兵馬駐紮在井陘口的另一頭，派出密探，四面打探陳餘的軍情。

趙軍謀士廣武君李左車給陳餘獻策說：「漢將軍韓信涉西河，擒魏王，奪代郡，虜夏悅，如今張耳爲輔，欲攻趙國，這是乘勝利之師離國遠征，其鋒的確難擋。但是，『千里饋糧，士有饑色；尋柴爲炊，師難飽腹』。井陘之路，戰車不能並行，騎兵不能成列。韓信如果由此進軍，糧草輜重必在後面。請撥給我精兵三萬，從小路偷襲，截斷漢軍給養。丞相深溝高壘，堅壁固守。漢軍進不能戰，退不能回，野無所掠，必然糧斷水絕，不過十日，兩人之首，必致麾下。希望相國採納我的建議。否則，必爲韓信、張耳之人所困。」

陳餘素以儒者自稱，不聽李左車之計，反而說：「我本仁義之師，不用詐謀奇計。兵法常說『十則圍之』、『倍則戰之』。韓信之兵雖然號稱數萬，其實不過數千，千里奔襲趙國，早已疲勞至極。遇到如此之輩，尚且避而不戰，今後遇到大敵，又該如何對付呢?這樣，諸侯都會認爲我膽小怕事，動不動就向趙國用兵！」

陳餘可謂迂腐得可以！幾乎又是一個「婦人之仁」的宋襄公，難怪最後一敗塗地。

漢軍密探得到如此消息，飛報韓信。韓信大喜，方敢引兵從井陘口進攻趙軍。大軍開到距離井陘口三十里地，紮寨安營。

夜半時分，韓信召來常山太守張蒼，撥給兩千軍馬，人持一旗，從僻靜小路偷偷逼近陳餘寨棚，潛伏在草叢之中，以觀動靜。

他並密告張蒼：「我軍與趙軍對敵，我軍詐敗，趙軍必然空營追趕。你就趁此機會指揮士兵衝進趙營，拔盡趙國旗幟，全部插上漢軍紅旗，堅壁拒守，不必參戰，趙軍自曾不戰而亂。」

張蒼等人得令而去。

天邊剛露出一絲晨曦，韓信中軍傳出號令：「今日破趙之後再大吃一頓！」每個軍士只分到一份早餐。諸將皆不敢相信，但軍令如山，只好回應：「是！」

韓信自領一萬人馬先行，渡過槐河，在岸邊排下陣勢。趙軍見他背水列陣，盡皆發笑，認爲韓信浪得虛名，根本不會領兵。漢軍將士心中也疑惑不已，但是韓信用兵神出鬼沒，且軍律甚嚴，只得依令而行。

太陽東升，陽光普照大地。韓信對張耳說：「趙軍不見我軍大將鼓旗，恐怕不肯出壁交戰，我倆必須親自督戰。」

韓信、張耳披掛上馬，率領萬餘精兵，前面盡佈大鼓旌旗，殺進井陘口中。

陳餘在趙營之內，看到韓信、張耳如此耀武揚威，大模大樣地闖入，不禁產生被人輕視之感，特別還見到過去的仇人張耳，不由氣得咬牙切齒，立即下令開營迎敵。

井陘口中道路狹窄，雙方難以擺開陣勢。趙軍人多勢眾，拚命壓過來。漢軍也不示弱，個個奮勇當先，誓死激戰。

交戰良久，韓信下令諸將盡皆拋棄大鼓旌旗，一時滿山遍野全是漢軍旗鼓。韓信率兵固守河邊陣地。

趙軍看到如此眾多的戰利品，紛紛空壁而出，搶奪鼓旗，以便邀功請賞。陳餘等人率兵直追，認爲韓信不過如此而已。

只聽得韓信高呼：「前面深水，後有追兵，你死我活，在此一舉。後退半步，立斬不赦！」

漢軍素懼韓信法度，誰敢怠慢半分？人人回身自戰，莫不死拚，以一當十。俗話說：一人捨死，十夫難擋。數萬之衆，自能形成強大的力量！

陳餘見漢軍敗退，正在高興，不料漢軍忽從營中殺出，個個突然間都變成了亡命之徒。趙軍爭搶旗、鼓，隊伍混亂，雖然人多，但是很難擊退對手。

兩軍混戰，難解難分。

張蒼率領的兩千士兵，看見趙軍紛紛出營搶奪漢軍旗鼓，飛快馳入趙營，盡拔趙旗，插上漢軍紅旗。

趙軍突然發現自己的營寨被漢軍佔領，一時間全無鬥志，紛紛後退。陳餘連誅數人，也不能禁止。漢軍見敵方鬆動，攻勢更加猛烈。趙軍死傷無數，陳餘死於亂軍之中。趙軍只剩下投降一條路可走。

一個早上就大破趙軍二十萬人，擒趙王歇，殺陳餘。韓信這個陣法叫背水列陣。

《史記・淮陰侯列傳》記下韓信對這場戰鬥的分析和評論：

諸將問信曰：「兵法：左倍（靠近）山陵，前左水澤（行軍、打仗的絕地）。今者將軍令臣等反背水陣，曰破殺會食，臣等不服。然竟以勝，此何術也？」

信曰：「此在兵法，顧（但）諸君不察耳。兵法不曰：『陷之死地而後生，置之亡地而後存』？且信非得素拊循士大夫也，此所謂『驅市人而戰之』，其勢非置之死地，使人人自為戰；今予之生地，皆走，寧尚可得而用之乎！」

諸將皆服，曰：「善，非臣所及也。」

曹操注《孫子兵法》說：「前有高山，後有大水，進不得，退有礙者。」這就是對「右倍山陵，前左水澤」的解釋。韓信就是在這種地形展開戰鬥的。

值得注意的是，韓信置之死地的時間很短，只有半天，況且還有一支兩千人隊伍在策應，所以能夠出奇制勝。三國時期的馬謖，雖然也將隊伍置之死地，但是由於時間太長，士氣很快被削減。兵法是一般原理，成敗仍在於是否靈活運用。

第22章

英布站過來

英布，跳起來大罵：「江中弒義帝，實是項羽主謀，我不過是執行他的命令而已！要是有朝一日，天下諸侯以此為藉口討伐，怎麼去辯白？」

寓言故事中，狐狸利用鹿貪圖虛榮的心理，引誘鹿替自己赴死。鹿則為了一個可望不可得的王位，冒險去見獅子，最終丟了性命。

在人的世界中，上位者常會用獎賞來鼓勵、刺激下屬，讓他們甘於為自己效力，這也就是「重賞之下，必有勇夫」的道理。對此，劉邦深有體會。

楚漢相爭到了關鍵時刻，劉邦對張良說：「我準備拿出關東之地作為獎賞，誰願去建此破楚大功？」

張良說：「當今天下，能夠馳騁疆場，與項王為敵，助大王破楚者，只有三人，他們是九江王英布、昌邑人彭越、原大將韓信。英布與項王不和，可以利而誘之，威而脅之。彭越助齊反楚，與大王有交往，可以以心結之。漢王大將，只有韓信是真正的帥才，可以獨當一面，為大王建功立業。用關東之地封三人，何愁大功不成？」

劉邦說：「怎樣才能得到這三人呢？」

張良說：「這也不難。我親自去見韓信，包管韓信自來。但是韓信只能抵擋一面，九江王英布、大梁彭越都有大將之才。再得此二人，楚必敗無疑。」

劉邦問：「英布是楚王親封的九江王，怎肯歸附我呢？」

張良答：「前些日子，英布帶兵追趕太公，喪師回楚，被項王責罵侮辱，回到了九江。項王攻打齊、梁，遣使令英布出兵，他卻只派少許弱兵相助，兩人之間已經矛盾重重。趁英布心懷二志的時候，大王派一個能言善辯之士去遊說，他必然歸附。」

劉邦認為機不可失，立即尋找能去遊說英布的人，有一個叫隨何的人欣然願往。隨何到了九江，住在九江王府對面的館舍裡，投書求見英布。

英布聞訊，與謀士費赫商議。

費赫說：「這次隨何來，一定是因為漢王新敗睢水，無力與項王為敵，差他來勸說大王歸漢。最好暫且以病推辭，不要輕易相見，讓漢王知道您的份量。」

英布於是告訴門官：「告訴漢使暫且回去，等到我病好了，再來相見。」

隨何得到回報，猜想一定是謀士費赫從中作梗，即到費赫門下求見。

費赫返家後，聽說隨何求見，算定是向自己先下說辭，正好自己也想探聽一些情況，忙出門迎接。

相見禮畢，費赫問：「先生有何貴幹？」

隨何說：「漢王新敗於彭城，在滎陽招募兵丁，命諸將各歸鄉里。我是六安人，久念父母之邦，歸來拜掃父母之墓。經過九江，敬慕九江王英名，特來求見。但九江王懷疑我是漢使，稱病不見。我本來想直接回六安去，但怕懷疑始終不解，所以特來拜見大夫，請求代為轉告。大王坐鎮九江，應當折節下士，招募賢士，成為一代明王，使天下人仰慕，大夫也可以成為輔弼賢臣。如今我慕名而來，卻被拒而不見，四方賢士聽說九江王倨傲如此，誰還願來相投呢？像大夫這樣的善輔之人，豈可坐視不言？」

費赫被隨何說得忐忑不安，臉上卻不表現出來，從容地說：「大夫暫住一宿，如果明日大王病情好轉，我就入朝稟告。」

第二天，費赫去見英布，說：「隨何不是漢室說客，他是歸家探親，途經九江，羡慕大王英名，特來請見。」

英布說：「慕名求見，拒之非禮。」叫人去請隨何晉見。

隨何到來，相見禮畢，英布問：「先生跟隨漢王日久，必知許多事情。前日漢王睢水之敗，爲何不用韓信？」

隨何說：「前日漢王親發手書，佈告天下，爲義帝發喪，兵將縞素，天下諸侯聞書而到者，都深恨項羽弑義帝，願協助討伐。因此，漢王留韓信鎮守三秦大地，作爲大本營。不想霸王秘密派人持書，通告天下諸侯，說弑義帝之人乃九江王，將罪過盡歸大王，因此諸侯轉而深恨大王，不助漢王攻楚，這才有睢水之敗。齊、梁、燕、趙都準備起兵，與大王爭衡。弑逆之惡，古今都認爲是第一大罪，項王一旦把這個罪名公告天下，百姓都會把大王當成普天下的罪人，您就是一家一戶地去勸說，人們也不會相信的！還能憑什麼立身於天地間呢？」

英布一聽，跳起來大罵：「他娘的，江中弑義帝，實是項羽主謀，我不過是執行他的命令而已！如今把這等惡名強加在我頭上，讓我一個人去遭受世人的譏誚和怨恨，真是黃狗吃屎，黑狗遭殃！」

隨何心喜，知道大事已成，急忙勸阻說：「大王不要生氣，唯恐左右之人聽聞，傳入彭城，項王必加罪責。」

英布說：「殺子嬰，掘皇陵，弒義帝，這三件事都是項王之命，但是我心中時常負疚不已，要是有朝一日，天下諸侯以此爲藉口討伐，怎麼去辯白？哪知今日項王把這些罪惡都歸於我的頭上，我就是用盡長江之水、南山之竹，誰又能明白我的心？」

隨何說：「大王要想表明心跡，這也不難，只要同心協力支持漢王，合兵伐楚，申討項王之罪，清濁自然分明。如果像現在這樣坐守九江，等到諸侯合兵討罪，您現今又是楚臣，即使有千張嘴巴，怕也辯駁不清。依我愚見，不如歸附漢王，讓天下諸侯盡知，項王乃弒殺義帝主凶，大王爲洗惡名，有了討賊之舉，這才是長治久安之策。如今形勢，楚不如漢。大王不歸順萬全之漢，而依附危亡之楚，乃智者不取也。」

英布走上前，低聲說：「我近日與楚有隙，也準備洗此不白之冤，且知道漢王是長者，有心依附他。先生請先稍等幾日，等我處理好一切，就與先生同行。」

英布與隨何正在密謀，左右傳報：「楚使送項王詔書到。」

英布叫隨何進內室，接詔。詔書說：

九江王英布，偷安自逸，楚兵伐齊，裝病不起；睢水會戰，坐觀勝負。朕勞師疲士，久無一言相慰，實失君臣之禮……會兵伐漢，星夜前來，毋誤！

英布看完詔書，沉吟良久不語。

隨何忽然從內室走出，對楚使說：「九江王已歸附漢王，哪有發兵助楚之理？」

楚使者驚問：「你是何人？」

隨何說：「我乃漢使隨何，已與九江王約定同心伐楚，爲義帝發喪，共誅暴逆！」

楚使看到英布不說話，知道事態發生重大變化，急欲下階逃走。

隨何說：「從項王詔書上看，已企圖殺大王以滅天下人之口，將弒義帝的罪惡全部推到大王身上。您應該立即斬殺楚使，明確表示助漢攻楚！」

英布大怒，立斬楚使，起兵攻楚。項羽令項莊、龍且攻打英布。龍且擊敗英布軍。英布準備帶兵歸依漢王，但怕目標太大，被項兵追殺，只得跟隨何從小路趕到滎陽。

隨何帶著英布去見漢王劉邦，誰知竟見劉邦坐在床上洗腳。

英布見狀，懊悔不已，退出之後，與隨何說：「我是一國王爵，漢王與我相見，竟然一點禮節都沒有，讓我進退兩難，不如自盡，以懲罰我的不智！」

隨何忙制止說：「漢王醉酒未醒，過一會相見，自有特殊待遇，大王千萬不要性急。」而後把英布介紹給張良、陳平。

英布發現兩人各自都有專門房舍，帷帳器用，極甚齊全，飯食供給與漢王一般無二，心中又大喜。稍後，文武大臣一起陪英布晉見漢王。漢王酒醒後禮遇謙恭，態度親近，君臣之間毫無嫌隙。英布終於安下心來，就這樣歸順了劉邦。

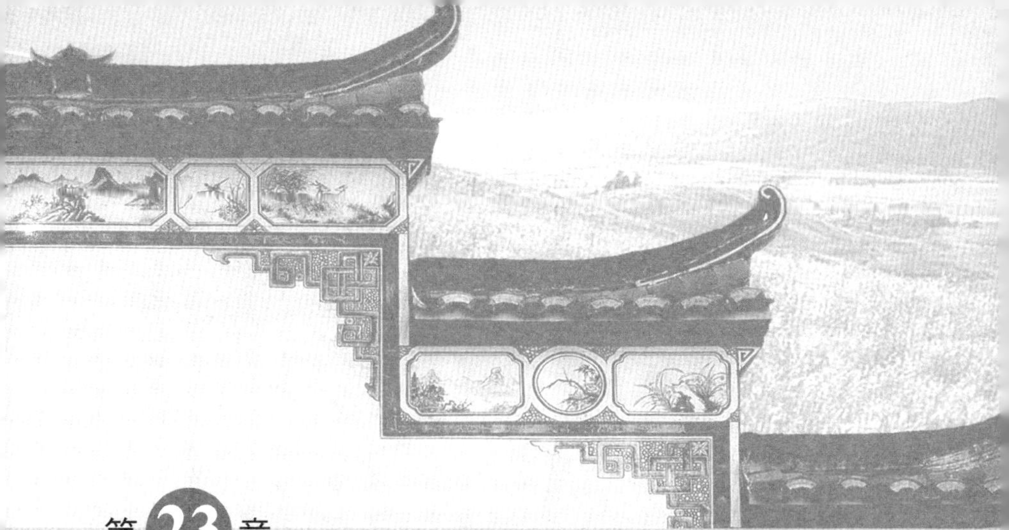

第23章

向變色龍學習

該寬容時寬容，該豁出去時豁出去，該隱忍時隱忍，一切順應情勢的需要，反而使劉邦度過了生命中的重大危機，而且轉危為安，奠定了爭奪天下的穩固地位。

劉邦隨風變幻、勇於納諫，像狐狸，也像變色龍。一個常常把「老子」掛在嘴上的人，看起來是個粗人，可就因為長於擇善而從，常常能獲得最佳行動方案。

漢三年（公元前二〇四年）十二月，項羽圍攻劉邦，切斷漢軍糧道和援軍通道，滎陽城內十分危急。劉邦忙請來酈食其，商議對付項羽的良策。

酈食其說道：「大王可以分封六國後代為王，拉攏各國，牽制項羽，削弱他的力量。」

劉邦說：「這是個好辦法，趕快造印，分封六國。」

酈食其奉命而去。

不久，張良前來拜見，劉邦把酈食其的辦法告訴張良。

張良一聽，氣憤地說：「這要壞大王的好事！」

劉邦忙問何故。張良答：「大王你想一想，這麼多人為你出生入死，不就是為了博得一點富貴？如今六國後代無尺寸之功，就能封王封侯，豈不寒了將士們的心？誰還會為你效命？還怎麼統一天下？」

劉邦破口罵道：「迂儒！差點壞了老子的大事。」立即下令銷毀已經鑄好的印璽。

張良的這一段妙論，是一篇反對教條主義的絕妙教材。時代不同，完全照搬「古聖先賢」的所謂成功經驗，是行不通的。

湯、武分封夏、商後人，是因爲他們已經勝券在握，能夠左右天下局勢。劉邦被項羽困在滎陽城中，自身難保，哪有資格去分封他人？

張良特別提到，跟著劉邦出生入死的將士都想升官發財、光宗耀祖，把天下分給六國之後，誰還肯替他去流血、去賣命？

從張良話中還可以看出，分裂的時代已經過去，一旦分封，統一天下的願望只怕再難實現。漢初一直在削藩，可見張良有十分敏銳的預見性。

以個人條件而言，項羽比劉邦要好得多。尤其是攻進咸陽後，他已成爲天下實際領導者。但項羽本身並不具備領導者的素質。

最高領導者必須包容下屬，使工作進入制度化、正常化，等整個局面穩定下來，才能以同一個聲音對外。否則，禍起蕭牆，哪還有心力攘外？

項羽的作爲卻正好相反，他不但不去瞭解他所擁有的天下，反而以個人意願和已臣服的勢力相對抗。他將天下炒翻了，又把各地方力量作大調動，短短時間便同時和所有人敵對，難怪要手忙腳亂。

其實，當時真正對項羽有威脅的，只有劉邦和田榮，而兩人都羽翼未豐，他若眼光獨到，全力對付，封死他們並不困難。他卻弄亂了周圍足以阻斷劉邦和田榮的舊有力量，敵我亂成一團，自然讓這兩股力量有了可乘之機。

如果一開始就全力圍堵劉邦和田榮，先爭取其他勢力的信任和穩定，天下大勢可能會完全不一樣，歷史要徹底改寫。

劉邦在這期間的表現，的確比項羽優秀。該寬容時寬容，該豁出去時豁出去，該隱忍時隱忍，一切順應情勢的需要，反而使他度過了生命中的重大危機，而且轉危爲安，奠定了爭奪天下的穩固地位。

自身的傑出表現，才是真正獲得擁戴的秘訣。

第24章

紀信捨身替死，劉邦狡計脫身

黃昏時分，楚軍在滎陽東門打著火把，等劉邦出城投降。如此左等右等，半夜時分，滎陽東門終於大開，湧出一隊人馬。楚兵早已等得不耐煩了，見此光景，齊聲吶喊：「漢軍出城了！」

狐狸是狼的僕人，狼要什麼，牠就得去做。不過，狐狸只是暫時低頭，暗中一直在尋找除掉狼的機會。

一天，狼對狐狸說：「去給我找點吃的，不然……」

狐狸立即說：「有戶人家正好殺了一頭牲口，剛醃的鮮肉放在地窖的一個桶裡，我們去吃個痛快！」

狼就與狐狸一起到了地窖裡，狼見到可口的肉，埋頭只顧吃。

狐狸也吃，可總是四下張望，時不時跑到洞口，試試身體還能不能出去，還故意弄出些聲音。農夫聽到聲音，朝地窖走來。狐狸一溜煙逃走，狼也想跟著跑，可肚子鼓鼓的，被洞口卡住，鑽不出去，被農夫一棒子打死。

狐狸用跑進跑出的聲音引來農夫，借農夫之手殺死了狼，儘管有失厚道，但在自己技不如人、勢不如人時，借刀殺人不失爲一種策略。

劉邦就是這樣的人，在危急關頭，他以己之心換人之心，得到紀信以死相報，成功上演捨車保帥的好戲，這才保住小命。

不得不說，劉邦的天下來得真不容易。處於弱勢的他，在與項羽的爭戰中，可謂九死一生。幸虧有許許多多的人出謀劃策、甘心效命，才得以一次次從死亡線上撿回自己的小命，最終成就了帝國的偉業。

劉邦依陳平之計，用大量的金錢去收買項羽手下的人，離間他們的關係，最後范增死了，他則不再提講和之事。

項羽有所醒悟，厚葬范增，安撫鐘離昧等人，催兵攻打滎陽。劉邦在城中無法固守，反覆思量自保脫身之計。張良、陳平爲他設下一條脫身之計，他口頭上不答應，心中卻以爲真不失爲一條妙計。

陳平看出劉邦心思，自去行事，密會諸將說：「如今漢王被圍城中，情況十分危急。爲今之計，只有派一人詐降，漢王乘機突圍。不知各位有何打算？」

眾將紛紛說道：「父有難，子代之；君有難，臣代之。我願替漢王詐降，掩護漢王突圍。」

陳平說：「各位忠心，皇天可鑑！但是最好推舉一位與漢王容貌相似的將軍，好騙過項王！」

大將紀信上前說：「臣貌類似漢王，願領命詐降，赴湯蹈火，在所不惜。」

眾將早知，要講儀容相似，除了紀信，沒有第二人。

陳平大喜，密帶紀信去見劉邦。

劉邦說：「此舉不可！大業未定，臣下未受滴水之恩，今叫紀將軍代我赴難，我卻棄城逃跑，損人利己，仁者不爲。」

紀信說：「事到如今，只有如此！否則一旦城破，玉石俱焚，那時我也是死，有什麼好處？我代替赴難，大王出此重圍，我名垂青史，重如泰山！大王還是成全我的好名聲吧！不要顧念我。」

劉邦猶豫不決，搖頭不語。

紀信拔出長劍，說：「大王如果不答應我的請求，請把我給殺了，反正遲早都是死，不如讓我爲您打前哨！」

劉邦聽到這裡，走下台階，與紀信相擁而泣，說：「將軍之心感天動地，萬載不泯。將軍的父母還在人世嗎？」

「老母尚存。」

「將軍之母，就是劉邦之母。將軍有妻室嗎？」

「有。」

「將軍之妻，就是劉邦之妹。將軍有子女嗎？」

「一子尚幼。」

「將軍之子，就是劉邦之子。將軍之老母、妻子、幼子，劉邦當終身敬養，將軍不要擔心。」

張良、陳平擬好降書，派使者送給項羽，聲稱劉邦情願割讓關中，投降項羽，只希望不要誅殺無辜。這一頭條新聞在楚營中炸開了鍋，引起一片歡呼之聲。

項羽問漢使：「你家主人何時出降？」

「今天晚上。」

項羽放回漢使，密命季布：「劉邦一旦出城，立即斬首，以消我心頭之恨！」

季布自去佈置。黃昏時分，楚軍在滎陽東門打著火把，等劉邦出城投降。如此左等右等，卻一直等到了上半夜。

滎陽城中，陳平、張良與劉邦商議，令樅公、周苛帶領人馬守城，紀信身著漢王服飾，坐上龍車出城誘敵，其餘人悄悄潛逃。

半夜時分，滎陽東門終於大開，湧出一隊人馬。

楚兵早已等得不耐煩了，見此光景，齊聲吶喊：「漢軍出城了！」

走在前面的「隊伍」，老少美醜，應有盡有，全是身著軍服的「女兵」，邊走邊說：「城內男人越來越少，我們也被強迫當兵。城內無衣無食，項王千萬要放我們一條生路！」

這樣的隊伍一走就是幾個小時，還不見劉邦出來，各門楚兵紛紛趕來觀看奇景。

項羽見狀，對左右說：「劉邦果真是酒色之徒！兩軍交戰，城中尚有眾多婦女，怎有不敗之理？怎麼能成大事？」

「女兵」走完是美人，美人走完是散兵，最後方才看到劉邦的車仗遠遠而來！

此時，快到天明。

楚軍大呼萬歲，全集結到東門外，觀看劉邦的投降。紀信長相極像劉邦，又穿著漢王的裝扮，楚國將領都不懷疑，只等項羽前來受降。這一來就耽擱了好長一段時間，讓漢軍有足夠的空檔從西門火速撤走。

爲了保證安全，劉邦先領數十騎火速撤向成皋，進入關中休養生息。接著，大部分滎陽守軍分批向成皋撤退，和英布的守軍會合。滎陽城中只留下韓王信、魏王豹、劉邦同鄉的大將周苛等人，率領部分軍團堅守。

項羽聞報，火速趕來，見是紀信穿著漢王服飾，知道受騙，厲聲問道：「劉邦這無賴在什麼地方？」

紀信冷笑道：「已經安全撤出城去了。」

項羽無奈之下，命紀信投降。紀信破口大罵，最終被處死。

項羽一把大火燒死了紀信。

這就像一齣歷史話劇，在中國的歷史上不算多見。

劉邦不好意思叫紀信當替死鬼，張良則是道學修養很高的人，不會出面去犧牲任何人，因此這個重任落在了陳平頭上。陳平沒有這樣那樣的思想包袱，完全是一個戰國策士的風格，爲了達到目的，可以不擇手段。這種難辨的事情，由他來完成，再合適不過。

第25章

忍氣封韓信

劉邦當著韓信使者的面破口大罵：「我在這裡受困，多次叫你來助我，你都不來，如今卻要自立為假王——」話未說完，急忙改口說：「要當就當個真王，當什麼假王？」

韓信平定趙國、招降燕國之後，一直在趙、燕之地安撫居民，招兵買馬，準備進攻齊國，就這樣過了一年多。

劉邦在滎陽、成皋一帶與項羽相峙，最後大敗而逃，丟失兩地，渡過黃河，來到河南修武（河南省獲嘉縣）境內，把韓信訓練已久，準備伐齊之兵收為己有，命韓信再募兵馬攻齊。

韓信伐齊，得先從酈食其說起。

酈食其跟著劉邦重新奪回成皋、滎陽之後，主動請求去遊說齊國。

他對劉邦說：「燕國、趙國已經歸附大王，但是齊國尚未歸附。齊國是東方強國，東有泰山、大海，北有濟水，西有濁河，南連楚地，並且齊人歷來反覆無常，韓信數萬人馬，一時只怕難以平定。目前韓信陳兵齊境，齊王四面受敵，我可以不動刀兵，叫齊王拱手來降，希望大王准許我去做這件大事。」

劉邦大喜，自然應允。

酈食其到了齊國，請求面見齊王。齊王田廣聽說韓信陳兵齊境，將要攻打齊國，心中十分害怕，聽說漢使到來，急忙召見。

酈食其從中門而進，慢步徐行，左顧右盼，旁若無人。

齊王田廣見此情況，心中不滿，說：「你來我齊國為使，怎麼不講使臣之禮？是不是欺負我國沒有兵力？」

酈食其說：「漢王劉邦擁有百萬之眾，威名廣布四海。大元帥韓信如今屯兵趙地，隨時都可以進兵齊國。齊國軍民猶如釜底游魚，朝不保夕，大王之位難以久保，怎麼一開口就說『有兵力』？老夫這次赴齊，是爲了救齊民於水火之中，保住大王之位。我是齊國的盟主，大國的使者，又不是來乞求，幹嘛要以使臣之禮晉見？大王如果不爲齊國百姓著想，不爲齊國宗廟著想，馬上就可以殺了我，顯示威風。如果爲齊國百姓和齊國宗廟著想，最好還是虛心聽從我的忠告。」

酈食其真是老說客，擺出咄咄逼人之勢，說得人哭笑不得。

齊王說：「齊國地廣人眾，國富兵強，南憑楚荊之勢，北據燕、趙之險，西藉魏、趙爲屏，東連滔滔大海，內有文臣良吏治理國家，外有武將勇士保衛邊境。你怎麼敢說我齊國是『釜底游魚，朝不保夕』？」

酈食其歎息一聲，說：「大王怎麼如此夜郎自大，自欺欺人？燕國之險，魏、趙之屏，如今在哪裡？怎麼不想想，論疆場拚殺，力敵萬人，你能跟項王比嗎？項王佔有關中之地，但是不能固守，大勝彭城，但是不能自立，諸王叛亂，關中之地盡失。齊國以區區千里之地，企圖阻擋韓信大兵，豈不是自不量力，螳臂擋車？」

齊王沉默不語，他知道，齊國的確難以抵敵韓信的軍隊。

酈食其又說：「大王是否知道，天下人心的歸向和興亡之所在？」

田廣老實地說：「不知。」

酈食其說：「大王不知天下人心之所向，怎麼一開口就說我不懂禮節呢？楚國表面強大，但實質弱小，漢王看起來弱小，而實質強大。天下疆土漢王已有十之七八，而項王只剩十之二三。項王不知廣修仁德，暴虐妄爲，濫殺無辜，不思反躬自省，缺乏自知之明。漢王大仁大德，爲義帝發喪，率領天下諸侯討伐逆楚，恩威廣布海內。漢王之光，可與日月爭輝；漢王之德，可跟堯、舜比美。現在佔有天下軍糧之地敖倉，擁有成皋之險，虎視天下，安撫萬民。天下之所歸心，在漢不在楚！應趁早歸附，開城納款，一可保全大王之位，二可拯救齊國百姓，這才是真正的長治久安之策。我這次不遠千里到你們齊國來，實在是爲了齊國，不是爲了漢王。大王應該再想想看！」

齊王問：「我如果真心歸漢，是不是可以免去刀兵相見？」

田橫在旁也問：「韓信屯兵趙地，要是他突然襲擊，怎麼防備？」

酈食其回答說：「我這次到齊國，不是我私自行事，乃是奉漢王旨意，韓信怎敢違抗不遵？」

齊王說：「既然如此，那就勞煩先生修書一封，差人送給韓信，令他退兵，我們方才相信。」

酈食其見大功告成，立即修書一封，差心腹持書，讓齊使陪同，前去告知韓信。

韓信接到酈食其的書信，真是喜從天降，立即回書，聲言馬上撤兵，出兵協助劉邦破楚。齊使回報，齊王、酈食其大喜，終日飲酒高歌，全不做任何準備。

常言說樂極生悲，物極必反，此話很快要應驗。

給酈食其回了信，韓信就與張耳商議起兵伐楚事宜。

燕人蒯徹卻竭力勸阻：「韓元帥奉命伐齊，千辛萬苦才到這個地步，怎麼能不戰而退呢？漢王自派酈生去遊說齊王，具體情形如何，難以料定，怎知齊國不是緩兵之計？漢王並未下令制止將軍攻打齊國，怎麼只憑一封私人信件，就放棄戰略計劃，移兵攻楚呢？酈食其只不過是一介儒生，憑一張嘴巴，不費一兵一卒，就下齊國七十餘城；將軍是破楚大元帥，帶領數萬兵馬，征戰幾年，只得趙國五十餘城。將軍的功勞，反而不如一位儒生，難道不感到有愧於人？將軍與其帶兵去攻楚國，不如趁齊國毫無準備，立即進攻，直抵齊都。兵馬一到，齊王必然拱手投降，這是何等功勞！」

韓信說：「酈生此行，必然奉了漢王旨意，如果我出兵伐齊，一違漢王之命，二對酈生不利。」

蒯徹說：「漢王多次下令將軍討齊，而今又派酈生去遊說，一定是酈生貪圖功名，用言辭煽動，並不是漢王真心。將軍如果移兵攻楚，諸將也會認爲將軍無能，從此以後，漢王必定輕視武將，重用儒生！」

張耳也勸道：「此言有理。將在外，君命有所不受，況且漢王也無明令。元帥不要過於拘泥！」

韓信忌酈食其莫大之功，貪下齊莫大之利，立即下令進軍，揮師渡過黃河，過平原，攻歷下，斬田解，擒華無傷，直逼齊國都城臨淄。

齊王和酈食其知道這一變故，皆大驚失色。

齊王責問：「先生前日去書，韓信聲稱立即移兵伐楚，怎麼現在會兵臨城下？你與韓信顯然相互勾結，暗中突襲！」

酈食其申辯說：「我奉漢王旨意招降齊國，而今韓信貪功出兵攻齊，不光是置我於死地，也是背叛漢王。」

齊王說：「先生勸我歸順漢王，但如今韓信已經打到我的都城，即使不是欺詐，如此形勢，也難以教人相信。請寫信給韓信，叫他馬上退兵，如果韓信大軍不退，就是合謀欺我齊國，天理難容！」

酈食其心中不無淒涼，長歎一聲說：「寫信恐怕沒什麼作用，只有我親自跟齊使同去曉以利害，韓信或許會退兵。但是，面對那些貪功圖利之人，我恐怕也回天無力！」

齊王嘲笑說：「韓信如肯退兵，先生此去尚可回來；如果韓信不退兵，這難道不是放虎歸山？你哪會有再回來的道理？我要留下你作人質！」

酈食其說：「我處在大王的位置，也會如此考慮問題。我給韓信寫信就是，生死存亡，全是天意！」

韓信看了酈食其的信，久久沉默不語，內心掙扎。

蒯徹說：「將軍如此猶豫不決，是不是還要聽信酈生的話？」

韓信說：「酈生奉漢王之命遊說齊國，齊國已經情願歸順。我如今率兵攻打，齊國必然加害酈生，而且恐怕有違漢王之命！」

蒯徹說：「將軍出兵伐齊，是漢王旨令。漢王既然已經明令將軍伐齊，怎麼又會派酈生去遊說？既然派酈生遊說，怎麼又不下旨叫將軍停止攻齊呢？過錯在漢王，不在將軍！有什麼好猶豫不決的？」

韓信說：「如果齊王殺了酈生，這跟我親手殺他有什麼不同？我心中實在不忍！」

韓信是一個講情義的人，不忘過往曾多次得到酈食其的幫助。

蒯徹說：「一個人的性命與平定一個國家的功勞，哪一個大，哪一個小？哪一個輕，哪一個重？清清楚楚，明明白白。元帥向來英明果斷，足智多謀，如今怎麼會為區區小事，呈小女子之態？」

韓信終於在大功面前失去了理智，決定以酈食其的死，奪取齊國七十餘城之功。

韓信不回書，只對使者說：「酈大夫前去齊國的時候，應該奏明漢王，叫我停止伐齊，令我回師成皋，才是正理！酈大夫不讓我知道此事，私自遊說齊王，這是奪人之功。齊王其實是害怕我的大軍，不得已歸順漢王，哪裡是心甘情願！今天歸附，明天又反，豈不是叫我勞師費力，勞民傷財？今天一鼓作氣，滅齊而返，根除後患，實為上策！雖然傷大夫一人之命，但是為漢王取一國之地，大夫也死得其所。他日論功行賞，大夫子孫也可裂土受封。請轉告大夫，不要怨恨我韓信！」說完，下令將來使趕出軍營。

使者回報，齊王大怒，將酈食其投入油鍋，烹殺而死。

韓信聽說齊王烹殺酈食其，心中悲憤交加，親催漢軍拚力攻城。儘管齊國君臣民眾齊心合力，怎奈遭到突然襲擊，加上兵士久未訓練、城池沒有修繕，難以抵擋攻擊。幾日之後，韓信大軍攻入臨淄，齊王田廣逃往高密（山東高密縣），田橫逃往博陽（山東泰安市東南）。

漢四年（公元前二〇三年）十一月，韓信在酈食其勸降齊國之後，大舉攻打齊國，很快佔領齊國七十餘城，平定齊地。韓信聽信謀士蒯徹之言，遣使報告劉邦，稱齊國之人反覆無常，請求劉邦封他爲假王，方便鎭守。

正是此舉，埋下他後來被貶官、遭誅殺的禍根。

當時劉邦正與項羽在廣武爭鬥，爭執不下。見到表文，不禁怒從心起，竟當著韓信使者的面破口大罵：「我在這裡受困，多次叫你來助我，你都不來，如今卻要自立爲假王——」話未說完，有人在案下踢他的腳。他急忙改口說：「大丈夫在世，既然平定諸侯，要當就當個真王，當什麼假王？」

在案下踢劉邦的人是張良和陳平。兩人深知韓信文武雙全，又手握重兵，並且遠在齊國，眼下根本沒有能力阻止他稱王。如果劉邦處理不當，韓信很可能擁兵自立，形成楚、漢、齊三足鼎立局面。

韓信被劉邦封爲齊王後不久，項羽派說客武涉力勸韓信叛漢歸楚，或叛漢自立，不過韓信深感劉邦厚恩，拒絕武涉的建議。重要謀士蒯徹看到如此情況，也勸他叛漢自立，但他考慮再三，終是不忍。

張良、陳平的這一踢，具有重大意義，否則韓信難免自立爲齊王。當然，韓信也因此給自己留下了殺身之禍。

古人曾作詩云：

躡足封王已見疑，將軍神算罔知機。

空勞十載殷勤苦，反向漁樵問是非。

後人看韓信爭齊王這件事，感慨居多。這就好比下圍棋，如果你想圍大空，就要始終貫徹圍大空的思路，不要因爲一點小小的便宜，又去貪吃別人幾粒棋子。

韓信如果一心一意爲劉邦打天下，就不應該計較是酈食其遊說取得齊國，還是自己佔領齊國。爲了爭功，用自己的好朋友作爲代價，取得了齊國。而後又擁齊而自大，獅子大張口，討封齊王，這真有些過分了。他最後被殺，看來也是在所難免，只能說禍患起於點滴啊！

第26章

鬥智不鬥力

「單挑」就是兩個人單個兒打鬥，劉邦知道自己不是對手，笑嘻嘻地說：「我願鬥智，不願鬥力。」項羽遇到如此軟硬不吃的老滑頭，毫無辦法，只得令三位勇士向前挑戰。

劉邦平定關中之後，曾經一度打進項羽的首都彭城，可是項羽畢竟是項羽，很快就把他打得丟盔棄甲，差點喪了老命。

不過，劉邦最擅長的，就是不爭一時一事的得失，主動棄成皋而逃，保存了一定實力，渡過黃河來到修武（河南省獲嘉縣），準備依附韓信、張耳。

韓信自從平定趙、燕之後，本來準備東伐齊國，但害怕自己走後，趙、燕會再度叛亂，只得與趙王張耳駐紮在小修武（河南省獲嘉縣小修武），一面訓練人馬，一面安撫趙、燕百姓。

劉邦到了修武，做了這樣一件事。《史記．淮陰侯列傳》載：

六月，漢王出成皋，東渡河，獨與滕公俱，從張耳軍修武。至，宿傳舍。晨，自稱漢使，馳入趙壁。張耳、韓信未起，即其臥內，上奪其印符，以麾召諸將，易置之。信、耳起，乃知漢王來，大驚。漢王奪兩人軍，即令張耳備守趙地，拜韓信為左丞相，收趙兵未發者擊齊。

劉邦採取兒童遊戲般的手法，把韓信訓練伐齊的精兵竊爲己有，原來成皋的人馬也陸續到來，軍勢復振。

之後，他派將引兵前往鞏縣（河南鞏縣），阻攔楚軍西進，自己則整頓大軍，臨河駐營，尋找機會進攻楚軍。

劉邦手下有一個謀士叫鄭忠，覺得這種佈局很難取勝，向他獻計：「楚軍新近佔領滎陽、成皋一線，士氣旺盛，但孤軍深入，糧草不繼。大王高壁深壘，堅守不戰，避開楚軍銳氣。另一方面派一支人馬，進入楚地，協助彭越攻佔項羽的城池，截斷項羽糧道，楚兵必然不戰自亂。到了那個時候，再出兵進擊，必獲大勝！」

劉邦採納建議，下令各部憑險固守，不准出戰，違者立斬不赦。又派劉賈、盧綰領騎兵數百、步兵兩萬，協助彭越在楚國後方騷擾。

彭越得到劉邦援助，襲擊楚軍輜重地燕（河南延津縣東北）西，燒毀並運走楚軍糧食武器，接著攻下睢陽（河南商丘市南）、外黃等十七城。

漢三年九月，彭越等人騷擾西楚後方之事，傳到了項羽那裡，項羽感到後方不寧，決定親自回去收拾。他把固守成皋的重任交給了大將曹咎，反覆叮囑，只能堅守，不可出戰，自己十五日內一定趕回來。

項羽前腳剛走，劉邦後腳就率軍進攻成皋，曹咎堅守不出。劉邦採用張良、陳平誘敵出戰之計，百般辱罵，示弱誘敵，激怒了性急如火、貪功冒進的曹咎，中計兵敗，自殺身亡。劉邦重新佔領成皋、滎陽。

這一戰的結果，劉邦由戰略防衛進入了戰略反攻。跟著又乘機佔領敖倉，加強了糧食的供給。不幾日，再進兵佔據廣武山，阻止項羽回軍。

項羽率軍回救，半月之內果然趕走了彭越等人，奪回了十七座城市。可曹咎把成皋給丟了，他爲此傷感不已。

按照秦曆，秋去冬來，又到年節。可是項羽聽到如此消息，哪裡有心思過年？只得命鐘離昧領兵先行，自己親統大軍，星夜不停，直奔成皋。

劉邦聽說楚軍到來，派大軍在滎陽東圍住鐘離昧。

鐘離昧遠道而來，人困馬乏，兵少將微，實難支持，幸好項羽及時帶兵到來，解了他的圍，進軍廣武山，漢、楚兩軍夾澗駐紮。

廣武位於滎陽東北二十來里的地方，本來是一個山谷。廣武山，西接汜水，東連滎澤，地勢高聳，山勢十分險峻。兩山之中有一道山澗，叫廣武澗。澗兩旁座落兩座山峰，相距只有五十多米。

劉、項兩軍就在這裡對峙。《史記．項羽本紀》載：

當此時，彭越數反（進攻）梁地，絕楚糧食。

項王患之，為高俎（砧板），置太公其上，告漢王曰：「今不急下（投降），吾烹太公！」

漢王曰：「吾與項羽俱北面受命懷王，曰『約為兄弟』，吾翁即若（你）翁。必欲烹而（你）翁，則幸分我一杯羹（帶汁的肉）。」

項王怒，欲殺之。

項伯曰：「天下事未可知，且為天下者不顧家，雖殺之無益，只益（增）禍耳。」

項王從之。

《史記》的記載比較簡潔且傳神，但是劉邦何以採取這種態度？既然無法去問劉邦本人和他的謀臣，只好任憑讀者想像了。

項羽聽從項伯勸告，大叫一聲：「關起來！」又對西峰上的劉邦說：「天下大亂已經多年，全是由於我跟你的緣故，我不願讓天下百姓遭受如此災難，今天我倆單挑，一決雌雄吧！」

「單挑」就是兩個人單個兒打鬥，有如外國人的決鬥。

劉邦知道自己不是對手，笑嘻嘻地說：「我願鬥智，不願鬥力。」

項羽遇到如此軟硬不吃的老滑頭，毫無辦法，只得令三位勇士向前挑戰。劉邦手下有個神箭手叫做樓煩，連射三箭，將三人射殺在澗邊。

項羽大怒，親自躍馬橫槍，到澗邊挑戰。樓煩看見項羽馬駿人威，目如閃電，聲如震雷，未射先懼，雙臂發抖，拉不開弓，邁不開步，顫顫地退回營中。

劉邦心中暗暗吃驚。項羽大叫：「劉邦，我只跟你鬥三回合！如果你勝了，我收兵回去，把天下讓給你！」

劉邦走向前去，罵道：「項羽，你不要逞匹夫之勇。你犯了十大罪行，知不知道？第一大罪：背叛義帝入關盟約，把我貶到漢中。第二大罪：殘殺大將軍宋義，篡奪軍權，目無尊長。第三大罪：奉懷王之命出師救趙，得勝不報，劫持天下諸侯入關。第四大罪：焚燒秦國宮室，挖掘秦始皇帝陵墓，劫取天下財寶。第五大罪：擅自殺死秦王子嬰，竊取滅秦功勞。第六大罪：詐坑秦降卒二十餘萬人於新安城南，殘暴不仁，天下人恨不得食你肉、吸你血。第七大罪：分封天下，任人唯親，宰割不均，你的心腹親信，盡封好地，故將功臣，被逐被殺。第八大罪：放逐義帝，建都彭城，強佔韓、魏之地爲己有。第九大罪：弒殺義帝，神人共憤。第十大罪：爲政昏庸，主政不平。我親率天下仁義之師，聯合天下諸侯，共誅百姓公敵。你這樣的暴徒，只配跟刑徒罪犯交手，有什麼資格跟我對陣？」

若論單挑，劉邦不是項羽的對手，可打起嘴巴仗來，項羽就不行了。

項羽直氣得火冒三丈，不想再跟劉邦饒舌，把霸王鞭一揮。早就埋伏在澗邊的弓弩手一齊發弩開弓，箭如飛蝗，嗖嗖飛來。

劉邦見狀，急忙後退，但一箭早射在胸上，一陣疼痛。他害怕亂了軍心，忙提右腳，用手摸摸說：「賊兵射中了老子腳趾！」

左右知道劉邦用計，忙扶著他回大帳，召來醫官，取出箭頭，敷上金創藥。幸好受傷不重，不致要命。

項羽看見射中劉邦，心中大喜，但是深澗相隔，難以追殺，只好怏怏回營，派細作打聽傷勢。

張良勸劉邦帶傷巡行軍中，穩定軍心。大小將士看見他還能巡視，放下了一顆顆懸著的心。項羽得知這個消息，大失所望。

劉邦巡視完畢，立即秘密返回成皋養病去。

廣武山的這一場對峙，後世之人發表評論，都認爲劉邦實屬一個大無賴、大痞子。匹夫項羽絕鬥不過痞子劉邦，這場戰役就是一個十分有力的證據。其實，這一系列舉動，全是超級謀略大師張良導演的千古精采名戲。

不妨想想，如果你是劉邦，你會怎麼辦呢？

劉邦回到成皋養病，傳來了韓信攻下齊國，大敗楚將龍且的好消息。他連忙遣使祝賀，並要韓信率兵會師滅楚。

韓信挾功請賞「假齊王」，劉邦感到很氣憤，還但是聽了張良和陳平的建議，立他爲齊王，叫他速去滅楚。

項羽此時才見識到韓信的厲害，忙派說客武涉遊說韓信反漢歸楚。韓信顧念劉邦之情，武涉無功而返。

漢五年七月（公元前二〇二年），劉邦久等不到韓信，立英布爲淮南王，叫他帶兵回九江，截斷項羽退路。又令彭越在楚、梁展開游擊戰，截斷楚軍糧道。

項羽軍中缺糧，後方不穩。此時張良、陳平勸劉邦乘機講和，救回太公和呂雉。

項羽求之不得，雙方當即簽定條約：鴻溝之西屬於楚國，鴻溝之東屬於劉邦。

簽約之後，項羽想高高興興地帶著他的軍隊回彭城享受。劉邦父子相聚，夫妻團圓，也想回櫟陽過幾天和平的日子。張良、陳平卻力勸他乘機進軍，一舉消滅項羽。

劉邦經不住眾人勸說，決定背約。

漢五年十月，劉邦派特使令韓信、彭越速帶兵前來共攻項羽，親自率兵東進，到達固陵（河南太康縣西），專等韓信、彭越帶兵來會，兩人卻杳無音信。

項羽聽說劉邦毀約進兵，怒不可遏，帶兵直撲大陣。劉邦抵擋不住，後退幾十里，損兵折將，心中惱怒不已。

他獨坐帳中，與張良、陳平商議：「韓信、彭越這兩個傢伙為什麼還不領兵前來，讓我又遭此慘敗？」

張良說：「我想，這兩人一定是因為大王尚未加封，所以持觀望態度。」

劉邦不解地說：「我已封韓信為齊王，彭越為魏相國，怎麼會說沒有加封呢？」

張良解釋說：「韓信雖然被封為齊王，但並非大王本意。另外，魏王豹已死，彭越也希望封王。如果把睢陽以北直至谷城之地封給彭越，將陳以東直到海邊之地封給韓信，兩人一定火速領兵到來。」

劉邦不得已，採納張良的建議，專派他去調兩路大軍。

漢五年十二月，項羽兵退垓下（安徽靈壁縣南），劉邦得到韓信、彭越之兵，率兵追來。垓下一戰，劉邦的軍隊，加上韓信、彭越、劉賈等人隊伍，在數量上占絕對優勢。

雙方兵力配備，大致如下：

擔任正面進攻的韓信，有兵力三十餘萬，左翼由部將孔聚率領，右翼爲部將陳賀，加上其他軍隊，漢軍近六十萬，而項羽的兵力只有十萬餘。雙方兵力如此懸殊，可想而知，此戰只能以項羽兵拜收場。

項羽死後，烏江亭長在他自刎之地埋下他的血衣和殘骸，立亭祭祀。吳地民間，常有項羽魂歸故鄉的傳說，大概也是一種「衣錦還鄉」吧！

劉邦的帝王夢，經過這一役後，終於成爲現實，建立大漢王朝，開創其後數百年之基業。

第27章

四面楚歌

簫聲一起，數百漢軍依聲而歌。字字沁人脾，聲聲進愁腸，楚軍幾乎全部豎起耳朵靜聽。天寒地凍，戰地悲涼。誰不思父母，誰不念故鄉？誰願意嬌妻美妾獨臥孤床？

經過一年的累積，劉邦不論在人力還是物力方面，都超過了項羽，於是準備畢其功於一役，將之徹底消滅。

公元前二〇二年十二月中，漢軍主力和各諸侯部隊會合，全部到達垓下。韓信親率齊軍三十萬為先頭部隊，寥侯孔熙在左、費侯陳賀在右。劉邦率主力部隊緊隨其後，周勃和柴將軍則追隨在劉邦之後。

項羽親率主力部隊十萬兵馬，出城準備給漢軍迎頭痛擊。漢軍陣營不用說，自是由韓信親任總指揮。這是兩位軍事奇才首次，也是最後一次的面對面決戰。

項羽仍展現他野獸般的勇猛，親率騎兵隊在前面衝刺。韓信則以智謀見稱，他的戰場全都經過精密設計。

剛接觸不久，韓信便下令撤退，不願軍士在楚軍的死戰下損傷太多。項羽試圖用猛烈攻勢打擊漢軍士氣，孔熙和陳賀軍隊卻從兩側阻斷楚軍退路，讓楚軍陷入前後夾擊中。項羽反身迎戰左右兩軍，韓信主力又回頭再擊楚軍，讓他在腹背受敵的情況下疲於奔命。

雙方混戰半日，楚軍因饑餓而不能久戰，加上敵眾我寡、死傷慘重，項羽退入垓下，閉城堅守。劉邦率諸侯軍將垓下團團圍住。

項羽跌跌撞撞地走進大帳，寵妾虞姬迎上來，第一次看見神勇蓋世的王如此狼狽，不禁淚流滿面。項羽擦掉她的眼淚，笑道：「勝敗乃兵家常事。不用悲傷，明天我一定把那些漢兵殺退。」

虞姬知道項羽此時承受著失敗的打擊，卻還要哄自己開心，用心良苦啊！更是淚如雨下。案上擺滿美味佳餚，虞姬無心動箸，只癡望著項羽。項羽拚殺一整天，腹空如洗，埋頭狼吞虎嚥。

帳外，冬季的寒風往來奔突，聽上去像是劉邦的千軍萬馬奔馳。

經過一天的廝殺，項羽躺在榻上，轉眼入夢。

虞姬坐於榻旁，宛如一尊玉雕。

夜半三更，忽聽空中飄來洞簫之聲。悠長的蕭聲中，楚歌四起。歌云：

九月深秋兮四野飛霜，天高水涸兮寒雁悲傷。
最苦戍邊兮日夜彷徨，披甲持戟兮孤立沙崗。
離家十年兮父母生別，妻子何堪兮獨宿空床？
白髮倚門兮望穿秋水，稚子憶念兮淚斷肝腸。
家有餘田兮誰與執守？鄰家酒熱兮誰與之嘗？
一旦交兵兮倒刃而死，骨肉為泥兮裹草蒿涼。
魂魄悠悠兮往之所以，壯士寥寥兮付之荒唐。
漢王有德兮降軍不殺，指日擒羽兮玉石俱傷。
我歌豈誕兮天譴告汝，汝其知命兮勿為渺茫！

九里山絕壁之上，一名白衣人向天而立，修長的身材，飄動的衣襟，像是天降仙人一般。此人就是張良。

簫聲一起，數百漢軍依聲而歌。這些漢卒大概經過精心挑選，個個嗓音接近專業水準。一支巨大的合唱團，一遍又一遍唱著張良編的楚歌。字字沁人脾，聲聲進愁腸，楚軍幾乎全部豎起耳朵靜聽。

天寒地凍，戰地悲涼。誰不思父母，誰不念故鄉？誰願意嬌妻美妾獨臥孤床？更不用說倒刃而死、骨肉爲泥了。

楚軍開始呼號，淚眼望淚眼，心中想逃亡。

楚歌唱了十餘遍，楚軍散了八九成。張良這支歌因而成爲千古絕唱，可惜曲譜失傳，只剩下歌詞。

不單楚卒逃亡，楚將也開起小差，季布和鐘離昧皆不知去向。這是項羽手下僅存的兩員大將，他們帶頭逃跑，中下級軍官自隨之一哄而散。

項伯也逃了。這倒不讓人意外，雖然他是項羽的叔父，但明裡暗裡總幫著劉邦，從鴻門宴一直幫到廣武山對峙。

出賣朋友可恥，出賣親人可憎，項伯留給人的印象，更多的卻是滑稽。他並非存心出賣項羽，而是莫名其妙地一再幫助劉邦，好像劉邦天生對他有種特殊的魅力，令他身不由己地偏向自己的敵人。

不過，這次不是身不由己，而是出自預謀，是生死關頭的真正背叛。

項伯逃入漢營，受劉邦厚待，自不在話下。不久，他被封爲射陽侯，一直過著貴族的生活，子孫繁多，「叛徒」的結局竟是壽終正寢。

被張良一曲楚歌橫掃後的垓下楚營，七零八落，只剩下八百人。

這八百人堪稱八百壯士，當中包括一位女壯士，虞姬。

歌聲中，虞姬落淚。女人心腸，最是聽不得悲傷之曲，不由輕輕撫摸熟睡中的項羽，怎麼也不忍心叫醒他，她要讓自己的男人做最後一場美夢。

項羽的嘴角露出一絲笑意，大概真在做美夢。

一再響起的楚歌和帳外的嘈雜聲，終於把項羽從美夢中驚醒。茫然四顧，明白怎麼回事後，立刻起身，喃喃自語道：「難道漢軍已經完全佔領楚國了嗎？爲何漢營中會有這麼多楚人呢？」

歎息聲中，項羽堅強的意志慢慢地潰散。

這便是歷史上有名的「四面楚歌」！

的確有不少楚軍已被漢軍捕獲，或主動投降，但人數還不太多。這顯然是張良和陳平有意的設計，讓營中楚軍教漢營軍隊和諸侯部隊學唱楚歌，利用大合唱的聲勢，加上由遠處傳來的幾可亂真效果，徹底打擊垓下守軍的士氣。

大絕招果然非常有效，連項羽都深受感染，沮喪不已。

最後時刻已到，項羽決定死也要死得像個英雄。他全副武裝，下令在營帳內設酒宴，由虞美人作陪。

席間，項羽囑咐部屬，他突圍而出後，垓下的楚軍便可向漢軍投降，以免不必要的死傷。他還要求虞美人和所有重要將領，不可輕言赴死，必須在楚國滅亡後，盡力保護自己的族人。他相信劉邦和韓信本也都是楚人，不致給楚人太大的難堪。

說罷，項羽起身，慷慨悲歌：

力拔山兮氣蓋世，時不利兮騅不逝。

騅不逝兮可奈何，虞兮虞兮奈若何！

這闋歌曲便是他的最後遺言了。翻譯成白話，大意是：

我的力量可以撼動山河，我的氣勢更是舉世無匹。

但是時局卻對我大不利，使得我的武運無法發揮。

武運無法發揮，名騅失去雄姿，真是令人遺憾啊！

虞姬啊虞姬，我們這下分離，是無可奈何的千古遺恨！

項羽高歌時，虞美人也起身歌舞相和。

《楚漢春秋》記載，虞美人的對歌如下：

漢兵已略地，四方楚歌聲。

大王意氣盡，賤妾何聊生？

《史記》和《資治通鑑》雖未明載虞美人的下落，但依此歌詞來看，虞姬已清楚表示自己將要殉身以明志。

《項羽本紀》中記載：「歌數闋，美人和之，項王泣數行下，左右皆泣，莫能仰視。」一場最後的酒宴，就在悲歌與淚水中落幕。

項羽即刻上馬，率領騎兵敢死隊八百人，在夜色掩護下，由小路突圍而出，如閃電般突襲漢營，全隊向南奔馳而去。

項羽並不打算逃走，只是由於軍隊太少，他必須選擇一個較有利的戰場，和漢軍決戰，以突顯最後的武勇。

天將明時，巡邏隊發現項羽突圍，立刻向上報告。劉邦命騎兵團司令灌嬰親率五千騎從後面追擊。

夜裡視線不佳，不少敢死隊員在途中走失或跌落深谷，到天亮時只剩百餘騎。項羽下令餘騎在陰陵集結。

隨後，漢軍的前鋒部隊追至，楚軍死戰，項羽突圍到達東城。

這個地方屬平原區，是決戰的好場所，不過楚軍只剩下二十八騎，後面即將追到的灌嬰騎兵部隊卻至少有千餘騎。眾寡懸殊，項羽仍決定在此做最後奮戰。

他對二十八騎進行戰前演說：「我跟隨叔父起兵抗秦以來，已經有八年了，親身參與及指揮的戰事，多達七十餘次，幾乎每戰必勝，沒有不被我擊潰的敵人，因而稱霸天下。今天逢此困境，這是上天有意亡我，而不是我的作戰能力不足啊！現在我準備展開最後奮戰，為你們殺開一條血路。我設定三個目標：潰圍、斬將、刈旗，請諸君來評估，到底是天運不足，還是我的能力不夠！」

隨即，他將二十八騎楚軍分置在四個方向，漢軍也從四面把項羽和楚軍重重包圍起來。項羽遙指一漢軍將領，說道：「我將親自斬殺那位將領，各位可以看看我是否做得到！」並下令楚軍從四面衝刺，到前面再集結。

佈置完畢，項羽快馬加鞭衝向該名漢將。擋在中間的漢軍在衝殺下皆披靡四散，他果真火速奔襲到該名漢將前，舉刀將之砍殺於馬下。

這時候，漢軍的前軍指揮是郎中騎楊喜，親自上前挑戰。項羽怒目大聲喝斥，楊喜因坐騎受到驚嚇而無法坐穩，倒退數里之遠。

項羽和餘騎分成三處會合，漢軍無法判斷他在哪個地方，只好分兵三處包圍。項羽見漢軍分散，返身再度衝殺，當場又斬殺一位都尉，士卒也死傷數百人。

集合楚軍，發現只折損兩人而已，項羽對剩餘的楚騎表示：「你們評估一下，我們這次的戰果如何呢？」

楚軍感動地說：「真是如同大王先前所說！」

項羽率領楚軍再往南撤退到烏江，如能順利過河，便可回到故鄉會稽。

烏江北岸的烏江浦，設有楚國的亭長，這位亭長一向欽佩項羽的武勇，因此已備好渡河船隻，欲送他返回江東，亭上人員也將死戰，確保他的安全。「大王請快上船吧！這是此地僅有的船隻，追兵想要渡河，必須花費一番工夫，安全保證沒有問題！」

項羽眼見又有人要爲他犧牲，心中萌生不忍，低首搖頭。

亭長見他遲疑不定，更積極地說：「江東（指會稽郡）雖小，地方尚有千里，人口也有十數萬，大王仍可擁地爲一方諸侯，還有東山再起的機會啊！」

項羽想到自己率子弟兵征戰數載，最後卻落得如此下場，如今即使渡江，也難以逃過漢軍的追緝，只會把戰火延伸到故鄉，徒增屈辱和悲劇。

感歎之下，他對烏江亭長表示：「我的天運已盡，即使暫時渡河逃難，也沒有什麼用。況且，當年我項籍率領江東子弟八千人渡過烏江，西向爭霸天下，如今竟無一人生還。縱使江東父老憐惜我，再度擁我爲王，我又有什麼顏面接受他們的擁戴？就算他們不出言批評，我項羽難道就不感到慚愧？」

亭長聞言，悲從中來，不由得放聲大哭。楚軍無不感歎而泣。

看開了以後，項羽倒相當冷靜，囑咐亭長說：「我深知您是位可敬的長者。這匹馬我已騎了五年，日行千里，所向無敵，是匹少見的名駒。我不忍心殺牠，現在就贈送給您，希望您好好地對待。」

亭長接過韁繩，千里馬卻長嘯一聲，直投江中。

項羽一聲長歎，下令剩餘楚騎全部下馬，徒步繼續和漢軍對抗，自己便奮勇砍殺漢軍數百人。

不久，敢死隊傷亡殆盡，項羽身受重傷，筋疲力盡，已無法再戰。回頭看到漢軍的騎司馬呂馬童也在包圍他的行列中，大聲喊道：「我們見過面，你還認識我吧？」

呂馬童向旁邊的漢將王翳說：「這個人就是項王啊！」

項羽高聲說道：「我聽說漢王懸賞千金，指名要我的首級，這件功勞就記在你頭上吧！」大聲朗笑，自刎而死。

王翳領先衝過去，割下項羽首級。圍在旁邊的漢營將領也來爭奪項羽的屍體，因而發生嚴重衝突，甚至舉刀相向，互砍而死者達數十人。最後由郎中騎楊喜、騎司馬呂馬童、郎中呂勝、楊武各得一部分。

事後，劉邦封呂馬童爲中水侯，封王翳爲杜衍侯，封楊喜爲赤泉侯，封楊武爲吳防侯，封呂勝爲涅陽侯。

一代霸王慘遭分屍，也結束了長達四年的楚漢相爭。時爲公元前二〇二年，項羽死時僅三十一歲。傑出的戰爭奇才，就此飲恨而亡。

項羽早年曾被楚懷王封爲魯公，魯地是他的第一塊封地，魯公是他第一個正式官職。項羽去世後，楚國各地都向劉邦投降，只有魯地拒絕接受招撫。

漢營將領們均主張引天下諸侯軍隊殲滅之，劉邦卻不贊同。他認爲天下已平定，像魯地這種守節爲主、遵守禮儀的情操，是最值得推崇的，因此派遣特使持項羽首級，依禮節到魯地舉行祭祀，並進行招撫活動。

魯國父兄見劉邦遵守義禮，開城門投降。劉邦下令以魯公之禮葬項羽於谷城，並親自前往弔祭。祭典上，他感歎兩人從同事變成宿敵，爲爭霸天下而一決生死，甚且悲從中來，飲泣不已。

項氏長老全數被赦免，並保留原來的地位。張良的至交、對劉邦有恩情的項伯，被封爲射陽侯，其餘重要長老則分別封爲桃侯、平皋侯、玄武侯，並賜以「劉姓」，以表王室恩寵。誠如項羽生前所言，劉邦是楚人，不至於給楚國長老太大的難堪。

我們都說大丈夫能屈能伸，可是，項羽呢？他很少失敗，一旦失敗，就失去了信心，不去檢討自己爲什麼如此，而是感歎「天亡我也」，其實，要是他曾經歷過幾次失敗，就會知道「留得青山在，不怕沒柴燒」的道理，說不定還能扳回一城。可惜歷史沒有假設，楚漢相爭已在這一役分出勝負。

再來看劉邦。他的前半生可謂是屢敗屢戰，在項羽的面前，這個把「老子」掛在嘴上的人，不知做了多少回「孫子」，但從沒有人說他無能，最多說他臉皮厚而已。我們今天也應該奉行這樣的原則，實力不足之時，做做「孫子」又何妨？

第28章

封仇人爲侯

劉邦立即下令擺設酒宴，加封雍齒為什方侯，又暗中下令丞相、御史加緊計功，以便繼續進行封賞。群臣吃飽喝足後，果然互相傳言：「雍齒都能封侯，我們還擔心什麼呢？」

打天下難，守天下更難。

當上皇帝之後，劉邦必需面臨的問題很多，論功行賞、賜封曾經爲他流血流汗的功臣，就是其中之一。

張良沒有參加過戰鬥，沒有具體的功績，但劉邦自有處理方法。

當著群臣之面，他評價張良說：「運籌帷幄之中，決勝千里之外，這就是子房先生的功勞，你自己選擇齊地三萬戶作爲封地。」

張良說：「我在下邳開始跟著皇上，這是上天的安排。皇上使用我的計謀，幸得有時奏效，我只希望得到陳留，不敢受三萬戶的重賞。」

劉邦因此封張良爲留侯。

戰爭是激烈的，戰後評功論賞更是激烈，真是「丈夫有淚不輕彈，只當未至評級時」，此時，劉邦的下屬正處於這種情況。他大封功臣，但只封了二十餘人，其餘之人「日夜爭功不決」，沒法進行封賞，只得暫停下來。

一天，劉邦與張良在洛陽南宮閒坐，看見眾將領東一堆西一堆地圍聚，坐在沙地上，議論紛紛。

劉邦問：「這些人在談論些什麼？」

張良說：「皇上不知道嗎？他們準備謀反。」

劉邦驚道：「天下剛剛安寧，爲什麼要造反？」

張良說：「皇上從一個平民百姓開始，帶著這些人，最終奪取了天下。如今貴為天子，獲封受賞的人都是蕭何、曹參等故人，誅殺的都是皇上平生所痛恨的人。這些人害怕您不能盡封，又怕被懷疑或追究過去的罪過，所以聚在一起，準備謀反。」

劉邦聽了，憂心忡忡，忙又問：「那該怎麼辦呢？」

張良說：「皇上平日最痛恨的人是哪一個？」

劉邦說：「我一直最痛恨雍齒。這人是我的同鄉，不過起事之初，我叫他守豐城，他卻叛變投了魏國。彭城之敗，他率兵窮追不捨，我差點被他抓住。我早就想殺了他，但見他後來立了不少戰功，所以不忍。」

張良說：「現在趕緊加封雍齒，讓群臣都知道這件事。大家看見雍齒得封，必然安心。連這樣的人都能得到封賞，何況是他們？」

劉邦立即下令擺設酒宴，加封雍齒為什方侯，又暗中下令丞相、御史加緊計功，以便繼續進行封賞。

群臣吃飽喝足後，果然互相傳言：「雍齒都能封侯，我們還擔心什麼呢？」

冊封自己最痛恨的人，這是絕大多數人都做不到的，可劉邦卻做到了。從這裡雖然不能看出他怎樣的能忍，卻能看出他馭人的高妙。

得民心者得天下，此為真理。

漢初，歷經年年爭戰，屍骨遍野，滿目瘡痍，百姓的生活處於水深火熱之中。看到此情此景，劉邦在經濟上採取了與民休息的政策。

公元前二〇九年到公元前二〇二年，八年戰爭，空前激烈，人禍加上天災，天下百姓遇到了前所未有的大災難，甚至出現人吃人的慘況。劉邦的龍車配不齊四匹清一色的馬，工侯出入只能乘坐牛車。

面對這種情況，劉邦只得下決心醫治戰爭創傷，恢復社會經濟，發展農業生產，保證他的統治。

要發展農業，必須先解決勞動力問題。

漢初的勞動力情況如何呢？

《史記．高祖功臣侯者年表》載：「天下初定，大數城民都已散亡，戶口可得而數者十二三，是以大侯不過萬家，小者五、六百戶。」

《史記．陳丞相世家》載：「高帝南過曲逆，上其城，望見其屋室甚大，曰：『壯哉縣！吾行天下，獨見洛陽與是耳。』顧（回頭）問御史曰：『曲逆戶口幾何？』對曰：『始秦時三萬餘戶，間者兵數起，多亡匿，今見五千戶。』」

漢初人口的銳減的確令人驚心動魄。這些人都到哪裡去了？不是因爲戰爭、天災而死絕了，就是逃亡流落去了他鄉。

陶淵明的名作《桃花源記》，文中記載了一個神秘的地方，人們爲逃避秦末之亂而躲入其中，「不知有漢，無論魏晉」。

明代有書記載：有人在山中發現一群「毛人」，見人就問：「秦始皇還在修長城嗎？」如果回答說：「還在修！」這些滿身長毛的人就會立即遠遁。雖然這些都只是文學作品或傳說，但其中難道沒有一點真實歷史的影子？

劉邦爲了解決勞動力的問題，採取了一系列政策：

一、召集逃亡勞動力。

二、解放奴婢。

三、鼓勵生育。

四、大赦囚徒。

五、罷兵歸農。

此外，還減輕稅賦，節省開支，獎勵軍功，鼓勵農耕，限制商業。漢雖然繼承秦制，但儘量減少戰爭，讓民眾休養生息，無疑是秦代制度所沒有的，不能不說歷史已經向前邁進了一步。劉邦因此贏得了民心，爲大漢帝國後期的繁榮奠定了基礎。

第29章

做皇帝的滋味

漢七年十月初一，各國諸侯、文武百官，黎明即起，身著朝服，齊到長樂宮前，依照職位高低排列整齊，等候朝見皇上。劉邦高興地說：「我今天才知道當皇帝的尊貴！」

叔孫通對於漢朝的主要貢獻，在爲劉邦制定朝儀。這些制度與漢初政權機構相呼應，對維護皇帝的最高統治權威起到重要作用。

叔孫通是薛（山東滕縣東南）人，秦始皇時代憑藉文才學識爲待詔博士，大概相當於今天的候補博士。

過了幾年，陳勝、吳廣起義，秦二世胡亥知道後，召集眾位儒生、博士計議此事。秦二世問說：「楚地戍卒攻下蘄（安徽宿縣南），佔領陳（河南淮陽），各位有何高見啊？」

儒生、博士三十多人一起走向前去，紛紛說：「人臣反叛，格殺勿論，望皇上發兵征討！」

秦二世十分忌諱「反叛」，聽儒生、博士這麼一說，臉色頓時大變。這小皇帝實在是莫名其妙，天下本來已經開始「反叛」，他卻不喜聽見。史書曾記載，出使之人回來後，報告有人造反，秦二世大怒，把此人送交法庭審判。從此之後，無人再奏。秦二世問及，人們只能說「幾個小賊，早已被地方官吏剿滅」。自閉耳目，自取其禍。

叔孫通極善察言觀色，急忙向前啓奏：「這些人都是胡說八道！現在天下合爲一家，毀諸侯城邑，收天下兵器，代表太平時代已經到來。況且明主高坐，普施法制，人人奉公守法，四方臣服，哪裡還有反叛之人？楚戍之事，只不過是偷雞摸狗之徒所爲，何足掛齒！下令叫郡縣官吏派人擒拿即可，皇上盡可高枕無憂。」

秦二世聽了叔孫通的話，完全不明言外之意，回頭又去盤問那些「不識時務」的儒生。當中有的仍說是「反叛」，有的改口說是「盜賊」。他下令將那些說「反叛」的儒生皆下獄，依法審判，那些說「盜賊」的儒生得以安全返回。

秦二世很欣賞叔孫通，賜給他錦帛二十匹，還拜爲博士。因爲幾句話，就從候補博士變成了博士，叔孫通肯定是高興而回。

事後，一些儒生責罵他說：「先生爲何如此阿諛奉承？」

他說：「沒辦法，不然難逃此劫！」

不出幾日，叔孫通從咸陽逃回老家薛地，當時薛地已經歸楚。不久，項梁大軍到達薛地，叔孫通前去投靠。項梁死後，他自然依附項羽。劉邦攻入彭城，再歸順劉邦。劉邦大敗而逃，他也跟著逃走。

叔孫通是個儒生，自然穿著儒服，幸好沒有戴儒冠，否則又要被劉邦用來撒尿。知道劉邦憎厭儒服，他乾脆脫下儒服，換上楚製短衣。劉邦因此相當喜歡他。

歸順劉邦時，叔孫通帶著一百多儒生弟子，但他從不向上推薦，反而專門推薦一些武勇之士。

弟子們見狀，議論紛紛：「我們追隨先生多年，如今又跟著歸附漢王，先生卻只舉薦那些勇夫，而不推薦我們，這到底是爲什麼？」

這些話傳到叔孫通的耳裡，他於是召集諸位弟子，開導說：「漢王正在爭奪天下，你們哪一個能夠馳騁沙場，攻城掠地？所以我只能舉薦武勇之士。等漢王奪得天下，我當然要推薦你們。專心讀書，好好地等著，我怎麼會忘記呢？」

叔孫通是一個識時務者，俗話說識時務者爲俊傑，他的確是。不久，劉邦拜叔孫通爲博士，號稷嗣君。

漢五年（公元前二〇二年），劉邦統一天下，在定陶當上皇帝，廢除了秦朝的一切苛刑儀法，朝廷上一片混亂。「群臣飲酒爭功，醉或妄呼，拔劍擊柱，高帝患之」。

叔孫通探知這一系列情況，決定遊說劉邦重建朝儀。

起義之前，劉邦本來是一個農民，雖然當過亭長，但行爲放蕩，常惹他父親劉老太公生氣。劉邦稱帝之後，卻成了一個孝子。

劉邦只要在首都櫟陽，就經常去看望劉太公，每次朝見，禮節甚周，並且規定五日一朝，從不耽誤。其實，劉邦已經開始從自己做起，爲全國百姓樹立學習的榜樣。

太公家令不知是受人啓發，還是心有靈犀一點通，勸告太公說：「天無二日，國無二王。皇上雖然是太公您的兒子，但也是天下人主；太公雖然是皇上的父親，但也是人臣。您怎麼能讓人主朝拜人臣呢？如果這樣，皇上怎麼能威重天下？」

沒過幾天，劉邦又來朝拜太公。

劉老太公聽說兒子前來，急忙拿著一把掃帚跑到門口，邊走邊後退迎接。

劉邦見狀，慌忙下車，驚問：「父親大人，這是在做什麼？」

太公忙說：「皇帝是天下人主，普天之人共仰，怎能爲我一人而亂了法度呢？」

劉邦得知此事由來，便尊太公爲太上皇，賜給家令五百斤黃金。並從家裡之事推想到國家之事，覺得朝廷上也應該有個禮儀。

叔孫通瞄準這一機會，準備一展宏圖。

他說：「儒家之道，的確難以用來爭奪天下，但是可以用來穩定天下社稷。我請求到魯地招募儒生，一起制定朝儀。」

此言正中劉邦的下懷，問道：「這施行起來是不是比較困難？」

叔孫通知道劉邦最怕繁文縟節，回答說：「五代三王禮樂不同，有增有減。禮儀要根據時代、人情進行必要的改變。我準備參考古代儀禮，再參照秦代儀禮，制定出一套新的儀式來，不會很繁瑣。」

劉邦說：「你就去試著辦吧！一定要簡單明瞭，以我能夠做到爲準。」

叔孫通奉旨行事，又重新操起了老本行，前往魯地，招募到三十多位儒生。其中有兩位不願西入櫟陽，對他說：「你這人先前在秦爲博士，接著又到項王手下，現在又到皇帝手下，所事之主快到十個了吧！你實在是因爲善於阿諛奉承，才得到今天的顯貴。天下剛剛安定，死者未葬，傷者未癒，又興風作浪，搞什麼禮樂？禮樂是那樣容易搞的嗎？至少要積百年之德，才可能興起。我等不願意看到你的這種所作所爲。快走，不要污辱了我們！」

叔孫通並不生氣，笑著說：「你們這群書呆子真是迂腐到家了，時代已經發生了翻天覆地的變化，你們還是這個老樣子！」

看來，要興禮儀，也不是一帆風順，儒生們也未必理解。

叔孫通帶著三十人同返都城，召來原來弟子百人等，操練月餘之後，請劉邦去看彩排。劉邦觀摩完畢，滿意地說：「這些事我辦得到！」

回到宮中，下旨群臣都要去學習朝儀，次年歲首開始施行。

漢七年（公元前二〇〇年）十月初一，即漢制歲首，各國諸侯、文武百官，黎明即起，身著朝服，齊到長樂宮前，依照職位高低排列整齊，等候朝見皇上。

侍衛郎中和中郎執朝侍衛分陣排列，林立於廷中。這些人都全副武裝，手持兵器，旗幟鮮明，從殿門到劉邦的主殿之間，有數百人之多，氣氛一下子嚴肅起來。

功臣、列侯、諸將軍、軍吏依次排於西方，面向東。文官由丞相率領，依官職高低排列於東邊，面向西。接著才宣告皇帝輦車出房，百官持職、傳警，引諸侯王以下至六百石官吏，依次序逐一奉賀。此時，每人都爲禮儀之莊嚴感歎。

朝禮畢，置酒宴。依禮節，飲酒不得醉。諸侯百官坐殿上，先低頭敬禮，然後仰頭行祝酒禮。按照尊卑次序，一個接一個向皇帝敬酒，並祝健康長壽。每人飲九杯後，侍從官便宣佈罷酒。這時，御史舉法為評判，如有動作不合禮法者，便喝令離去。

君臣置酒終日，沒有一個人膽敢失禮嘩亂，與往常的鬧酒喧嘩完全不同。朝拜賜宴完畢，劉邦起駕回宮，群臣跪送。

回宮後，劉邦召見叔孫通，高興地說：「真爽！我今天才知道當皇帝的尊貴！」叔孫通制定朝儀有首創之功，劉邦給予重賞，「拜叔孫通為太常，賜金五百斤」。他趁機再進言：「我的弟子和儒生跟著我一起研究，希望皇上念其辛勞，各賜一官，以安眾心。」

劉邦降旨，這些人都當上了郎官。

叔孫通謝恩而退，喚各位子弟、儒生來見，傳達旨意，將所得的賞金全部分贈。眾人盡皆歡喜，都讚頌說：「叔孫先生誠聖人也，知當世之要務。」

叔孫通青雲直上，兩年之後，被拜為太子太傅。

我們再來看看，劉邦是如何重用一介書生陸賈。

陸賈是楚國人，以客卿的身份，隨同參加了反秦戰爭和楚漢戰爭。由於能言善辯，學富五車，滿腹經綸，因而常常作為使者，完成各種複雜而艱巨的任務。

進軍關中的道路上，他奉劉邦之命，收買守衛嶢關的秦將，使之喪失警惕，爲起義軍突襲臨關創造了有利條件。楚漢戰爭中，又是他作爲漢軍的使者，前往楚軍軍營，說服項羽釋放被掠爲人質的劉邦父親和妻子。劉邦初定天下，他曾憑三寸不爛之舌遊說南越王拱手稱臣，被封爲中大夫。

陸賈讀過許多先秦的典籍，對儒家的《詩》、《書》等文獻也很有研究，在跟劉邦交談時，經常加以引用和宣揚。

有一次，他又在津津樂道地稱引《詩》、《書》，劉邦聽了很不耐煩，說道：「老子的天下是馬上奪來的，讀《詩》、讀《書》要幹什麼？」

陸賈說：「皇上在馬上奪得天下，難道要在馬背上治理天下？商湯周武用武力奪取天下，而用文治管理天下，文武並用，才是長治久安之策。吳王夫差、晉國智伯，崇武而滅亡；秦國嚴刑苛法，滅亡在趙高手裡。假使秦國統一天下之後行仁義，法先聖，皇上今天能坐在這座宮殿裡嗎？」

劉邦聽到這裡，面有愧色，趕緊說：「那你就幫我好好研究一下，秦國爲什麼失去天下？我憑什麼取得天下？以及古代國君成功與失敗的經驗和教訓。」

正是在這一背景下，產生了陸賈精心創作的《新語》一書。該書共十二篇，史載陸賈每寫好一篇，即呈送上去。

劉邦讓他在群臣面前宣讀。每一篇不僅都得到劉邦的高度讚揚，群臣聽了，也都情不自禁地高呼萬歲。

劉邦親自給這部書起了一個名字，號曰《新語》。顧名思義，就是它說出了從未聽說過的新鮮話語。顯然，《新語》一書，解決了漢初統治集團上上下下都普遍關心的問題，成爲君臣們的政治教科書。

陸賈《新語》一書，是西漢皇朝「地主階級」的理論家，對秦亡的教訓和劉邦獲取天下成功經驗的總結，也是第一次把儒、法、道融合在一起而提出來的理論。它以「無爲」爲最高政治理想，以仁義、禮法、任賢爲基本內容，爲西漢的長治久安，創建了思想理論基礎。

第30章

大家一起做忠臣

丁公被武士拿下，劉邦說：「我怎麼不記得？正因為記得你，所以才拿下你。當年你為楚國大將，卻在戰場上放走主要敵人，為臣不忠，使得項王丟失天下，罪該萬死！」

季布是項羽手下大將，曾屢次帶兵圍困劉邦。項羽垓下大敗，被張良吹散八千子弟兵，他也在那時逃之夭夭。劉邦當上皇帝之後，懸賞千金捉他和鐘離昧。

季布逃到了濮陽周氏家。周氏說：「漢皇帝懸賞擒拿你，十分緊急，有敢窩藏之人，罪滅三族。如果將軍能夠聽我的計策，我就給你出一計，如果不聽我的計策，你就自刎而死吧！」

季布從垓下戰場上逃出，就是爲了避死，聽到周氏之語，只得求計。周氏把他剃成光頭，穿上奴才的衣服，與家僮十人一起裝在柳條車中，運到魯地賣給朱家。朱家乃俠義之人，看出此奴是季布，爲他買田置地。

有一日，朱家告誡他的兒子說：「家中之事都要聽從此奴安排，你必須餐餐與他同食。」

安排完畢，朱家乘坐軒車直到洛陽，拜見汝陰侯滕公夏侯嬰。夏侯嬰留住他宴飲數日，兩人關係日密。

朱家趁機問：「季布犯了什麼大罪，爲什麼皇上懸賞捉拿如此緊急？」

夏侯嬰說：「季布這傢伙多次追趕皇上，皇上十分怨恨，所以一定要抓到他，以洩心中之忿！」

朱家說：「滕公看季布，是一個什麼樣的人？」

夏侯嬰答：「是一個賢人。」

朱家說：「人臣各爲其主，季布是項羽的下臣，爲項羽盡心盡力，乃是本分。難道只要是項羽的手下之人，就必須誅盡殺絕？如今皇上剛剛取得天下，就以一己之私懸賞擒拿一人，心胸怎麼如此狹窄？況且，以季布的才能，而漢皇威逼、追趕如此之急，那麼他不逃亡匈奴，就會投奔南越。猜忌壯士，即助長敵國，伍子胥最後把楚平王鞭屍三百，就是最爲生動的歷史教訓！滕公是近臣，怎麼不向皇上說明這個道理？」

夏侯嬰知道朱家素有俠義之心，懷疑季布藏匿在他那，於是答應請求，去勸劉邦。

聽了夏侯嬰的話，劉邦果然赦免季布，並召見他。季布辭謝，劉邦封爲郎中。後來，季布的確不負重望，爲漢家天下出了不少良謀妙策。

見季布被劉邦拜爲郎中，季布的同母異姓弟丁公也想分一杯羹。

丁公是楚將，在彭城之戰中曾經義釋劉邦。事情是這樣的：

彭城戰役中，劉邦被項羽打得大敗，幸好一陣大風吹來，讓他僥倖逃出重圍。

大風稍停，項羽重整兵馬，劉邦卻已不知去向。范增頓足，忙勸項羽務必擒下劉邦，否則將來難有機會。

項羽立即差丁公、雍齒率領三千騎兵，星夜追趕。

二人得令，帶兵向東南大道奔去。

劉邦邊跑邊想：要不是這一陣狂風，一定成了刀下之鬼！正暗自慶幸之際，後邊塵土大起，追兵已到，殺盡手下之人。丁公一馬當先，直逼眼前。

劉邦勒住馬頭說：「我到了這個地步，已經不能逃了。俗話說：『賢者不相威逼』將軍如果憐惜我，就讓我遠遁，他日得意，絕不相忘。如果不顧我如此孤弱，我自縛而降，接受項王烹殺。」

丁公說：「今日之事是君王大事，我不敢以私廢公。大王可策馬南行，我放數箭，裝作追捕狀，讓三軍將士不起疑。」

劉邦於是策馬朝東南方向狂奔而去。丁公拔箭，摳去箭矢，連發數箭後回去交差，不久碰上了雍齒。

雍齒問：「將軍看到漢王沒有？」

丁公說：「差點追上漢王，我連射數箭，可惜被他逃脫。」

雍齒說：「將軍既然已經追上，豈可讓他輕易逃去？一定還未走遠，務要捉住才是！」說完率兵奮力追趕。

項羽被滅之後，丁公也像季布、鐘離昧一樣，先躲藏起來，直到季布當上了郎中，覺得時機到了，才請求拜見。

劉邦見到他，並不賜坐，只說一聲「拿下」！

丁公被武士拿下，忙說：「皇上不記得我了？我是丁公！」

劉邦說：「我怎麼不記得？正因爲記得你，所以才拿下你。當年你爲楚國大將，卻在戰場上放走主要敵人，爲臣不忠，使得項王丟失天下，罪該萬死！」

靠！怎會這樣？丁公目瞪口呆，說不出一句話。

劉邦下令將丁公斬首示眾，號令天下：「使後世爲人臣者無效丁公！」

劉邦招降納叛，何止一人？他爲什麼賞仇人季布，而殺掉恩人丁公？目的只有一個：天下之人只能忠於漢朝天子，不能再三心二意！時代已經不同了，丁公當然該誅。

第31章

大誅異姓王

韓信進帳，正要行禮，只聽見劉邦大喝：「拿下！」話音未落，旁邊閃出一群如狼似虎的武士，剎那間，百戰百勝的大軍統帥，已被數條繩索捆得結結實實。

對於異姓王，劉邦是很不放心的。天下不太平的時候，他不得不慷慨施捨，一旦天下穩定，他就要大打出手了。

首先碰在槍口上的是燕王臧荼。

漢五年七月，劉邦聽說臧荼造反，不問青紅皂白，立即興兵，御駕親征。臧荼聞訊，慌了手腳，只得興師相抗。

然而燕軍厭戰，數量上又遠不及漢軍，只幾次交鋒，臧荼就被擒，劉邦下令梟首示眾，其子臧衍逃往匈奴。

劉邦平定燕地後，偏愛他的兒時夥伴盧綰，欲封他為燕王，但是盧綰戰功平平，只得暗示左右，令眾官推薦，趁機封他為燕王。

其實，殺燕王臧荼，是劉邦消滅異姓王的演習，但他還不能太早表現出翦除異姓王的姿態，只得封盧綰為燕王。

之後，他經常用「聽人說」當藉口去翦除異姓王，最為明顯的就是韓信。

韓信歸附劉邦之後，滅三秦，收魏豹，斬夏悅，敗強趙，定大燕，襲擊齊國，水溺龍且，垓下一戰徹底打敗項羽，奠定了大漢江山。

劉邦即使與項羽激戰之時，也十分關注內部的敵對力量，對於韓信尤其如此。消滅項羽之後要做的第一件事，就是削掉韓信的兵權。

話得從頭說起。

消滅項羽之後，劉邦西回定陶，馬不脫鞍，人不下馬，來到韓信大營。

韓信見劉邦駕到，立即迎接。

劉邦一坐下，開口就說：「將軍統帥大軍，屢建奇功，剿滅項羽，我終身不會忘記。如今強敵已滅，兵戈漸少，將軍也應好好休息。我不忍讓你繼續受兵戍之苦，請交出兵符印信，返回封地過幾天太平日子。」

韓信明白其中深意，礙於面子，沒說什麼，取出兵符印信送還劉邦，從軍營中移出，自去驛館安息。

過幾天，韓信欲返齊，忽聽漢王詔令，忙去聽旨。

只聽劉邦說：「項羽已滅，楚地無王，何以鎮之？我考慮去考慮來，只有將軍有此能力。將軍本是楚人，熟悉楚地風俗，瞭解楚地民情，現改封你為楚王，將軍不要推辭。齊地只有七十餘城，楚地有八十九城，這也算獎賞將軍大功！」

韓信明知原委，但同樣不便明說，只得交還齊王大印，換取楚王大印，奉命回下邳當楚王去。

儘管如此，劉邦依舊不放心。不久後發生了一件事，讓他下決心扳倒韓信。

項羽手下有兩員大將，一個叫鐘離昧，一個叫季布，項羽滅亡後，兩人逃亡民間。

鐘離昧與韓信是好朋友，所以偷偷地投靠了韓信。劉邦曾經下詔，懸重賞追捕季布與鐘離昧。得知鐘離昧在韓信處，劉邦立即派使臣囑他交出。韓信不忍，推說那裡沒有此人，將使者遣回。

漢五年（公元前二〇一年）冬，有人上書說韓信要謀反——注意，又是「有人」！

劉邦大驚，忙召眾將商議。

很多將領本來十分嫉妒韓信，一聽此言，紛紛表態：「發兵攻打，烹了這小子！」

劉邦何嘗不想「烹了這小子」，但是他知道自己有多大能耐，能夠當皇帝，就是因爲他有自知之明。

沉默良久，他又叫諸將退下，秘密叫人請陳平計議。

劉邦當上皇帝以後，張良這位帝師藉口有病，功成身退。劉邦有爲難之事，自然只能找陳平。

陳平考慮再三，才問：「皇上怎麼知道韓信要反？」

「有人跟我說，鐘離昧藏在楚王韓信那裡，我派人調查，確實如此。但是韓信上書說鐘離昧不在他那裡，這是抗旨不遵，巧言欺朕。我因他平定天下有功，放他一馬，但是近來又有人密告，說他準備謀反！」

陳平問：「諸將是什麼態度？」

劉邦說：「各位都很氣憤，勸我發兵，烹了這小子。」

「皇上的兵馬，能不能戰勝楚兵？」

「難說得很！」

「皇上手上大將，哪一個可與韓信相比？」

沉默一陣，劉邦道：「找不出來。」

陳平說：「兵卒不敵楚士，將領不如韓信，皇上如果出兵征討，韓信本來不反，也只有反到底了。兵戈相見，勝負難料，實非良策！」

劉邦說：「不出兵征討，又該怎麼辦？」

陳平問：「韓信知不知道有人告他謀反？」

「想來不知。」

陳平獻計說：「古時，天子經常巡獵四方，召見各地諸侯。南方有一大澤，名叫雲夢澤（潛江西南），皇上可仿照古代帝王出巡雲夢，詔令天下諸侯相會陳地。陳地在楚國邊界，韓信必然會來拜會。到那時，一夫之力足以擒拿，何用千軍萬馬？何況千軍萬馬還不一定拿得住。」

劉邦聞言，連稱妙計，立即下詔，遣使四出，告知諸侯，高祖要出遊雲夢，詔令諸侯到陳地會齊。

韓信得到劉邦詔令，心中懷疑不決，劉邦曾經幾次奪去他的兵權，這一次不知道又有什麼陰謀。但是陳地與楚國邊界相連，不去拜見，怕失臣禮，恐生禍端。進退兩難，焦急不安，只好在楚王府裡走來走去。

食客說：「大王之所以受到皇上懷疑，不過是收留鐘離昧之事。大王如果斬鐘離昧的首級送給皇上，必然盡釋前嫌，大王自可高枕無憂。」

韓信這時可能缺一個心眼兒，覺得此言有理，便請來鐘離昧議論。

還沒說幾句，鐘離昧已知他的意圖，不高興地說：「大王以為我在這裡，讓你得罪了劉邦？」

韓信不自然地點了點頭。

鐘離昧說：「劉邦不敢發兵攻楚，就是怕我和大王聯合。你今天把我獻給劉邦，他明天就會擒你。」

本以為韓信這樣精明的人，必然知道其中利害，誰知韓信對此無動於衷。鐘離昧長歎一聲，「我看錯了人，不該來投靠你！」說完，拔劍自刎而死。

韓信令人割下鐘離昧的頭裝斂起來，準備獻給劉邦，以推卸自己的責任。

到了約定之期，劉邦從洛陽來到陳地，安排好天羅地網，專候韓信。

韓信只帶幾個心腹，拿著鐘離昧的首級，到陳地去拜見。

劉邦聽到報告，大喜若狂，一顆心差點跳到了嘴裡。

韓信進帳，正要行禮，只聽見劉邦大喝：「拿下！」話音未落，旁邊閃出一群如狼似虎的武士，剎那間，百戰百勝的大軍統帥，已被數條繩索捆得結結實實。

韓信大呼：「皇上為什麼擒我？」

劉邦緩緩地說：「有人告你謀反！」

韓信雙目微閉，終於領悟，「狡兔死，走狗烹；飛鳥盡，良弓藏；敵國破，謀臣亡。項王已死，我確實應該殺。」

劉邦聽從陳平之計，智擒韓信，帶回洛陽後，頒詔發令，大赦天下。皇帝大赦天下，是因爲有天大的事，而今抓了韓信，也大赦天下，可見他把韓信看得何等重要。

劉邦不是不想殺死韓信，但此人對於漢朝的建立，功勞實在是太大了。這樣做，恐傷天下人心，特別是那些開國功臣的心。

大夫田肯的一段話，十分耐人尋味。他說：「皇上一下子就制服了韓信，三秦大地如握掌中。秦國故地山高險固，虎踞龍盤，東出威懾諸侯，猶如高屋建瓴，秦地兩萬之兵，可阻諸侯百萬之師。還有齊國之地，東有琅琊、即墨的富饒，南有泰山險固，西有黃河天塹，北有渤海之利，方圓二千里，也是英雄所居之地，齊國兩萬之兵可敵諸侯二十萬之師，這就是人們常說的東西二秦地。大王親自鎮守關中，而那東齊之地，如果不是自己的親子親弟，千萬不能叫他當齊王。」

劉邦聽了田肯的話，連連稱「善」，「賜黃金五百斤」，但退而細思田肯之語，其中似乎也隱含求赦韓信之意。

韓信的功勞主要有三大方面：一是平定三秦，二是平定魏、代、趙、燕、齊，三是垓下滅項羽。田肯的一席話，明講秦地、齊地的形勢地貌，暗中則告訴劉邦，不要太跟韓信過不去。

如此過了十多天，劉邦下詔將韓信降爲淮陰侯，把楚地分爲兩國，淮東號爲荊地，封從兄劉賈爲荊王；淮西仍稱楚國，封少弟劉交爲楚王。齊地自從改封韓信爲楚王後，一直未封，劉邦封其外庶子劉肥爲齊王，任命曹參爲相。代地自陳餘死後，一直未封，他便封二兄長劉仲爲代王。

接著，劉邦大封功臣。受封功臣大部分都認爲自己的爵位應該高一些，俸祿應該多一點，盡皆心懷不滿。心中最不滿的，自然數韓信，但他只有「日夜怨望，居常怏怏，羞與絳（周勃）、灌（灌嬰）等列」。

《史記．淮陰侯列傳》載有這樣一段故事：

信嘗（曾經）過樊將軍噲，噲跪拜送迎，言稱臣，曰：「大王乃肯臨臣！」信出門，笑曰：「生乃與噲等為伍！」

不難看出，他心中是何等不滿。

韓信覺得自己於國有功，沒有反心，常常主動表示善意。他與劉邦談到自己用兵「多多益善」的故事，足以說明這一切。然而劉邦決心已定，決無再起用之意。

史書記載，公元前二〇〇年，匈奴舉兵伐代，代王劉仲棄國逃跑，被劉邦降爲合陽侯，另封寵子劉如意爲代王。

劉如意當時只有八歲，劉邦派陳豨爲相去代地鎭守。陳豨臨去前跟韓信告辭，於是傳出韓信勾結陳豨造反的謠言。

陳豨是劉邦心腹，曾帶五百人隨劉邦入關，在韓信手下爲將，得到信任。其實不過是勇夫，缺乏大將之才。

公元前一九七年，陳豨反叛，劉邦親征，關中之事，內託呂后，外委蕭何。趁這個機會，兩人聯手把韓信殺了，還滅了三族。

劉邦平定陳豨之後回京，知道韓信已死，「且喜且憐之」，問呂后：「韓信死的時候，說了些什麼？」

本以爲韓信會罵他忘恩負義，韓信說的卻是「恨不用蒯徹計」。

經過一番舌戰，劉邦最後赦免了蒯徹。

劉邦做事可算浪漫得很，但又不失精明，蒯徹只不過是一個弱者，殺之何益？而韓信，作爲一個智勇雙全的大將，作爲一個異姓王，即使他不反，對皇權而言，也是一大威脅。

到了刀已經架到脖子上之時，韓非才終於明白了蒯徹之語。可惜，世上沒有後悔藥賣。對此，後世之人有許多議論。至今仍流傳著這樣一副對聯，叫做：「生死一知己，成敗兩婦人。」這句話的意思是，韓信的生死，全在於知己蕭何一人身上；而韓信的成功與失敗，都掌握在他曾乞食的漂母和呂后這兩個「婦人」手中。

另有一句成語「成也蕭何，敗亦蕭何」，其源也出於此。

韓信的謀反，歷來受到人們懷疑。

韓信擁有三齊大地之時不反，兵權在握之日不反，當楚王的時候不反，而今竟去依靠一個匹夫陳豨而反，大大令人懷疑！依照韓信的能力和眼光，難道會看不出陳豨是何等人？所以韓信被誅，主謀是劉邦，劊子手是呂后，幫兇是蕭何，這樁謀反案完全是一樁冤案。

再來看看劉邦對韓信的態度。

其實，劉邦從來都看不起韓信。要不是張良留書，蕭何力薦，他是不會重用一個「胯夫」的，因為他多少還明白什麼是英雄氣節。

即便劉邦曾把張良、蕭何、韓信三人說成「三傑」，並說「吾能用之，此吾所以取天下也」，卻沒有真把韓信看做是英雄，而是處處以小人之行來防，並用話來套他的心思。韓信被蕭何用計騙回，被呂后殺害，劉邦乃至眾臣一點也不感到惋惜與震驚，還「且喜且憐之」。

可無論如何，韓信畢竟是個軍事奇才，非莽漢、匹夫之流所能比擬。

司馬光在《資治通鑑》中將人分為四類：「才德全盡謂之『聖人』，才德兼亡謂之

『愚人』，德勝才謂之『君子』，才勝德謂之『小人』。」

由此來看，韓信只能居於「小人」之列。司馬光說「小人」的本性是「挾才以爲惡」，劉邦及蕭何等臣民之所以提防韓信，就是怕他「挾才以爲惡」。

韓信爬過人的胯下後，「一市人皆笑信，以爲怯」，或許是真的膽怯，小人失勢時，總是盡力阿諛溜鬚，甚至連自尊都可以捨棄。

如果甘受「胯下之辱」，真如民間所言是「不屑以將才之命，抵償無知狂徒之命，不屑棄鴻鵠之志，而與燕雀之爭」的「壯舉」，那麼後來不聽蒯徹忠言，不聽武涉之說辭，終被劉邦降職，被呂后計殺，只能說是「工於謀天下，拙於謀自身」。

不過，即使韓信「工於謀自身」，怕也難逃此劫，因爲劉邦連自己的女婿張敖、好友盧綰都沒放過。

第32章

下一個輪到誰？

彭越硬著頭皮跟著陸賈進京。不想來到城門邊上，竟見扈輒懸門而諫，泣淚說：「我今天有倒懸之苦，大王見而救之。大王若去，必有倒懸之危，誰去救呢？

收拾張敖之後，劉邦的刀指向了「漢初三大將」之一的彭越。

彭越是昌邑人，字仲，長期在巨野澤中捕魚、劫掠。歷來爲盜，海中的叫海盜，彭越在湖澤之中，可稱爲「湖盜」或「澤盜」。《史記》說他「爲群盜」。

陳勝、吳廣起義之後，他的同夥曾勸他說：「如今天下豪傑並起，紛紛叛秦自立，你也可以組織一批人馬效仿他們，弄個官來當當，總比在這裡當盜賊強！」

彭越說：「如今兩龍方鬥，我們再等一等，看準機會再行事。」

過了一年左右，巨野澤中「群盜」聚在一起，共有一百多人，去找彭越，求告說：「你來當我們的頭目吧！」

彭越推辭說：「我不能當各位兄弟的頭目，我的能力不夠。」

眾人強求不已，最終只得應允。彭越說：「既然這樣，明天早晨在這裡集合，遲到的人就要被斬首！」並反覆告誡群盜要記清楚，聽明白。

第二天，絕大多數強盜準時到達，但是有十幾人遲到，最後一個人到達時，已經是中午。彭越集合群盜訓話：「眾位兄弟強推我爲頭頭，如今約定會齊，但是遲到的人很多，不可能全部殺了，只好把最後到的那個人斬首示眾！」說完，下令他剛委任的司法官行刑。

眾盜都笑著說：「何必如此認真？今後不遲到不就行了。」

彭越大怒，親自將最後遲到者斬首，設立祭壇，號令群盜。群盜大驚，十分害怕，沒有人再敢違犯命令。

彭越帶領部屬行軍占地，收羅諸侯散兵游勇，很快發展到千餘人。不久劉邦西進，兩人一同攻打昌邑。昌邑未下，劉邦爲了去爭「關中王」，引兵而西。彭越依舊在巨野澤中招兵買馬，等候時機。

彭越是劉邦三大將之一，長期堅持敵後作戰，截斷項羽糧道，焚燒楚軍輜重。垓下一戰，出兵相助。雖不及韓信，但是功不可沒。

自從張敖被貶，韓信被擒，他也是個聰明人，時時注意，處處小心，生怕有朝一日禍從天降。陳豨謀反，劉邦下令彭越出兵相助。但是彭越怕重蹈韓信覆轍，只派屬下率兵到邯鄲相助，自己稱病不往。

劉邦心懷不滿，遣使責備。彭越害怕，準備親去謝罪。

部將扈輒勸告說：「大王開始的時候不去，現在又去，豈不是自投羅網？去了，難免和韓信的下場一樣。與其束手就擒，不如起兵自立。西進關中，大事可成。」

彭越說：「劉邦待我不薄，起兵叛漢，有失忠信。」遂不聽扈輒之言。

彭越手下有一太僕，獲罪於他，準備斬首，而後私下逃往長安，途中遇到劉邦，聲稱有機密事報告。

劉邦問：「你是何處人？有什麼機密？」

太僕說：「我是梁王太僕，雖然事奉梁王，實際上還是漢臣。梁王與部將扈輒共謀叛亂，卜臣冒死特來報告。」

劉邦說：「說詳細點。」

太僕說：「第一，近日梁王召集兵馬，欲從梁地謀反。第二，前日皇上親征陳豨，下詔增兵協助，梁王說怕重蹈韓信覆轍，稱病不往。第三，聽說韓信被殺，他痛哭流涕，立即下令整頓三軍。我見到梁王謀反在即，不顧生命，特向皇上告急。」

劉邦急忙問計於陳平。

陳平說：「彭越看到韓信被誅，物喪其類，難免會生出謀反之心。爲了謹慎行事，可派一名使者宣召進京。如果他來了，就是沒有反心，廢置不用就好；如果他不來，就是謀反，派兵征討，師出有名。」

劉邦於是命大夫陸賈去召彭越。

彭越問：「大夫專程來此，爲何？」

陸賈說：「梁太僕密告皇上，大王有謀亂之意，但是言語錯亂，前言不搭後語。皇上懷疑太僕跟大王有矛盾，故意誣告大王，所以召你與太僕對證，分清是非，重敘君臣之好。」

彭越說：「這個人一向政事俱廢，我正準備處罰他，不想他還去捏造這種無端的罪名。既然皇上叫我對質，我便奉命而行。凡事都必須拿出證據，豈可憑一面之詞？」

彭越置酒款待陸賈一行，準備行裝，次日即行。彭越部下很多人認爲此去凶多吉少，勸他莫去。

大夫扈輒說：「大王此行不妥，去必生禍。前日皇上擒韓信，就是用這種方法，皇上是可以共患難，但不可以同富貴的人。大王如果去，必有韓信之禍！」

彭越說：「韓信有罪，我沒有罪，我如果不去，太僕之言不是假話變真了?皇上還以爲我真反了！」

扈輒說：「功高者必遭忌恨，位極者必被懷疑。大王功高位極，皇上正在猜忌你，就算你沒有反心，也必然尋事陷害，性命難保。」

彭越聞言，半晌不語。

陸賈說：「扈大夫之言，不過是眼前之計。如果大王不去對質，皇上一定親率大軍征討，陳豨、韓王信就是例子，那時才真是悔之晚矣。」

彭越也想不出妙計，只得硬著頭皮跟著陸賈進京。不想來到城門邊上，竟見扈輒懸門而諫，連忙令人解下。

彭越說：「大夫何必如此苦諫？」

扈輒泣淚說：「我今天有倒懸之苦，大王見而救之。大王若去，必有倒懸之危，誰去救呢?我絕對不容許大王像韓信那樣說『悔不聽蒯徹之言』！」

彭越致謝說：「大夫之言善，但我無法聽從。」

扈輒嚎哭而去。

彭越來到京師，劉邦召入相見，劈頭就責問：「我親征陳豨之時，召你出師，你為何不到啊？」

彭越說：「我的確有病，不是抗旨不遵。」

「你的太僕告你謀反，你有什麼話說？」

「此人不理政事，我正要處罰他，因而懷恨，誣言陷害，望皇上明察，當面對質，不要被小人所欺。」

劉邦下詔叫廷尉審問彭越謀叛一案，尚未得到回報，忽有一人候於朝門，要見皇帝，於是叫人領進。

劉邦問：「你是什麼人？」

來人說：「我是梁王大夫扈輒。」

劉邦問：「你來幹什麼？」

扈輒說：「皇上被困滎陽，如果不是梁王斷絕楚軍糧道，展開全面的游擊戰爭，會有今天嗎？梁王屢建大功，而皇上只聽到一個逃奴的無稽之談，就要殺戮有功之臣，唯恐天下人人自危！」

劉邦思考一會兒，說：「彭越謀反，本該斬首，看你說得有理，姑且廢為庶民，遷居蜀地青衣縣。」

彭越本無反意，如今落此下場，難免傷心落淚，奉詔前往蜀地。

這時，呂后剛好從長安來洛陽，在路上碰到了彭越。彭越拜伏路旁，落淚哀求，哭訴自己忠於漢室，絕無叛意，乞請說情，求皇上開恩，放他回到故鄉昌邑。呂后假裝安慰，當面應允，一同返回洛陽。

劉邦聞訊，朱筆一揮，毫不遲疑地寫下：斬首，夷三族！

呂后見此，忙道：「皇上向來仁慈，所以謀反之人不絕。像彭越這樣的反王，應該將他的屍體烹成肉醬，分賜諸侯大臣，讓他們知道厲害。」

劉邦准奏，下令將彭越斬首，首級懸掛示眾，屍體烹成肉醬。並在首級旁懸一告示：有收屍者，輒捕之。

彭越的大夫欒布剛從齊國出使回來，聽說主子已被斬首，懸頭示眾，急忙準備祭品，前去祭祀。守衛士卒立即逮捕，送交劉邦處理。

劉邦大怒，破口大罵，下令烹殺。

如狼似虎的武士一齊將欒布舉起，準備投進滾燙的湯鑊之中。這時，欒布回過頭來說：「我希望死前能說一句話！」

劉邦道：「你還有什麼好說？」

欒布說：「當年皇上困於彭城，兵敗滎陽，受傷成皋，項王之所以不能繼續前進，就是因爲彭越在後方攻擊楚國城池，牽制了力量。那個時候，彭越附楚則漢破，附漢則楚破。垓下之戰，如果沒有彭越，項羽也不會失敗。如今皇上一次徵調，彭王生病不能出征，就懷疑他要反，甚至因此誅殺他，我害怕天下人臣人人自危。好了！彭王已死，我生不如死，請烹了我吧！」

劉邦本來心中有鬼，聽了欒布所言，覺得此人實在忠肝義膽，正好樹立一個忠臣像，下令赦罪，拜為都尉。

欒布請求收葬彭越之屍，劉邦順水推舟，彭越的頭才被埋進土裡。

司馬遷《史記》曾說：「欒布哭彭越，趣湯如歸者，彼誠知所處，不自重其死。雖往古烈士，何以加哉！」

彭越被誅，實屬冤案。劉邦要掃平異姓諸侯王，他才不管你冤不冤！

劉邦剿滅異姓王，誅殺功臣，口碑不佳，但是對於漢朝統一，有益無害。不過，在消滅異姓王的同時，也用分封同姓王的辦法來維持統一，事實證明，有大害無大利。漢代文、景、武三帝一直為同姓王所困擾，就是他留下的遺患。

劉邦分封同姓王，有兩個主要原因：一是不封王，難以平衡一家人的心理；二是秦亡教訓。秦國的滅亡，漢初人認為是由於不分封諸侯所致，這種說法可能經不起分析，但是當時人大都懷有這種共識，我們也不能超越歷史去要求他。

第33章

猜忌

食客說：「相國最好侵民自汙，壓價多購強購百姓土地，故意失去民心，皇上才會感到後方安穩，消去疑心。」蕭何越想越怕，萬不得已，依計而行。

到戰場上，漢王一定會更加信任您，消除疑慮。」

蕭何認爲鮑生言之有理，依言去辦。劉邦果然「大悅」。

劉邦是不是真有此心，只有他知道，但他此舉，似乎有關心過度之嫌，的確讓人不得不產生疑心。

蕭何送親屬子女上戰場的舉動，後來得到大大的回報。

劉邦消滅項羽，平定天下，論功行賞。群臣爭功，歲餘不決。他認爲蕭何功勞最大，封侯賜邑，獨居功臣之首。一些曾經血戰沙場，衝鋒陷陣的大將議論紛紛，都說：「我們這些人披堅執銳，爲大王攻城掠地，大小不等。蕭何未曾參加戰鬥，沒有汗馬功勞，只做了一點文字工作，幹些動動嘴巴的事情，怎麼還能居頭功？」

劉邦一笑，道：「各位知不知道打獵？」

眾人忙說：「知道！」

劉邦說：「知道打獵的獵狗嗎？」

「知道！」

劉邦正色說：「打獵時，追逐獵物的是獵狗，但等發現野獸蹤跡，指揮獵狗的卻是人。各位衝鋒陷陣，攻城掠地，好比獵狗，是有功之狗；至於丞相蕭何，則是發號施令，制定大政方針的人。況且，各位獨自跟著我，加上親戚最多也不過幾個人，蕭何卻將家族子弟全部都送到戰場上，功勞還小嗎？」

如果講打鬥，劉邦自然不是眾將對手，但是要打嘴巴仗，這些人自然不是劉邦對手，何況他已經位居皇帝，所以「群臣皆莫敢言」。

封賞結束，劉邦還要各位推選出十八位功臣，排出名次。

群臣上奏說：「平陽侯曹參受傷七十餘處，攻城掠地最多，功勞最大，應該排名第一。」

關內侯鄂千秋道：「各位所說都不合情理。曹參雖然有攻城掠地的野戰之功，但不過是一時的功勞。皇上與楚王相持五年，經常敗軍亡卒，隻身逃亡無數次，幸好蕭何時常從關中補充糧草和兵員，不用皇上下一道詔令，數萬之眾立至，解了燃眉之急。皇上與項羽在滎陽對峙數載，軍中乏糧，蕭何從關中轉漕運糧，使得供給不乏。雖然丟失山東數次，但因爲蕭何保全關中，皇上自有根基，這些都是萬世之功。即使沒有曹參這些人，皇上也能取得天下，怎麼能夠憑一日之功，而看不見萬世之勳呢？應當以蕭何第一，曹參第二。」

鄂千秋，何許人也？

鄂千秋是一位謀士，位居關內侯關內侯者，只有侯位，而無封地，居住在京城，是個很會見風使舵的人，他的話，只是劉邦前一次話的翻版。史書記載，此公位居第十九位，大概就是因著這一記馬屁，得到了青睞。

劉邦聽了鄂千秋之言，忙稱善，詔令蕭何爲功臣之首，可以帶劍上殿，入朝不趨。

「帶劍上殿，入朝不趨」是一種特權。漢承秦法，規定群臣上殿不得帶兵器，所以荊軻刺秦王之時，秦王一時拔不出劍，群臣又無劍可拔，只好徒手相搏。

至於「趨」，就是碎步小跑前進。按照自古以來的朝禮規定，臣下進殿上朝，要「趨」步而進。

劉邦賜給蕭何這一特權之後，還發表了簡短的重要談話：「我聽說薦賢應受上賞，蕭何的功勞雖然最高，卻是因爲鄂君，才使我更加明白。」

他不止口頭表揚，還改封鄂千秋爲安平侯。一句話的功勞，讓沒有食邑的侯變成了有食邑的侯。

當天，劉邦加封蕭何家人，「父子兄弟十餘人，皆有食邑」。後來想到當年他去咸陽服苦役，蕭何曾經多送給他二吊錢，又加封二千戶。他的確很會籠絡人心，所以「賞一人而天下皆敬」。

第二件事情：拿出家產做軍費，消除劉邦疑心，支持滅楚大業。

蕭何安安心心地當他的大漢丞相，時間眨眼到了漢十一年（公元前一九六年）。

那一年，劉邦原來的心腹陳豨起兵造反，劉邦御駕親征。戰事正在緊張進行之際，淮陰侯韓信又在關中謀反，呂后採用蕭何之計，誅殺韓信。劉邦聽說韓信被誅，立即派使者拜蕭何爲相國，加封五千戶，下令增加五百人作爲相國衛隊，並令一個都尉率領。

朝中文武皆來祝賀，慶祝高升。只有一個食客召平看出了劉邦的用心所在，忙去給蕭何出主意。

這位召平，是原秦國的東陵侯。秦國滅亡之後，淪落爲貧民百姓，生活無著，只得在長安城東種瓜爲生。由於很會種瓜，人們把他種的瓜譽之爲「東陵瓜」。蕭何聽說他有賢才，授以掾屬之職，大概也是一位幕僚。

一片讚聲中，召平私見蕭何。

蕭何問：「你有什麼事嗎？」

召平說：「丞相可知，大禍將要臨頭？」

「怎麼突然說起此事？」

「丞相怎麼不細細思量一下，皇上御駕親征，頂風雨，冒嚴寒，時刻都有生命之虞，而丞相鎮守關中，可以說是過清閒日子，無刀箭之險，無嚴寒之苦。皇上還加封您爲相國，增加您的衛隊，加封您的食邑，這是爲什麼呢？」

「爲什麼？」蕭何不解。

召平說：「淮陰侯韓信最近在都中謀反，皇上因此對您也產生了疑心。皇上賞賜衛隊，名義上是對您的寵愛，而實際上是爲了防範您。希望丞相推辭不受，趕快拿出自己的家產去充軍費，或許可以轉禍爲福，取悅皇上。」

蕭何覺得召平的話很有道理，急忙上表辭封，拿出家產充當軍費。劉邦又大喜。

第三件事情：蕭何求保自汙，劉邦拍手稱快。

漢十二年（公元前一九五年）秋，英布被逼反。劉邦不得不帶病親征，期間數次派使詢問蕭何，鎮守關中準備做些什麼？蕭何上表回奏，聲稱就像劉邦平定陳豨時一樣，安撫百姓，穩定關中，搞好後勤供給。

劉邦此次出征，心中十分恐慌。

韓信、彭越、英布，號稱漢初三大將，驍勇善戰，劉邦最怕他們造反。韓信和彭越兩人都是束手就擒，所以毫不費力就將兩人扳倒。然而英布是擁兵造反，怎麼可能不憂心忡忡？

史書明文記載：當時，連生病在家的張良也親自趕到灞上送行，並且告誡劉邦千萬小心。

劉邦緊握張良的手，懇請他爲太子少傅，協助叔孫通輔佐太子。之後，又採納張良的建議，給太子劉盈配備了一支強大的衛隊，真有點像荊軻易水送別，只差沒唱「風蕭蕭兮易水寒」了。

劉邦的這些舉動，又被蕭何手下食客看出了其中奧妙。食客說：「相國知道嗎？您已經離滅族不遠了。」

蕭何忙問：「這又是爲什麼呢？」

食客說：「您身爲相國，名列功臣首位，皇上還能夠加封您嗎？」

「不可能了，我已經貴極人臣了！」

「相國自從入關後，十幾年來深得民心。這種情況隨著皇上殺大功臣，屢次征伐而有增無減。關中之民盡皆歸附相國。皇上這次帶病親征，對手是英布這樣的勁敵，連留侯張良這樣的人物，都感到形勢十分嚴峻，帶病出來輔佐太子。皇上屢次派使詢問相國，就是怕您深得民心，功高震主，一旦有什麼異舉，關中必然傾動。臣下爲相國計議良久，最好侵民自汙，壓價多購強購百姓土地，故意失去民心，皇上才會感到後方安穩，消去疑心。」

蕭何越想越怕，萬不得已，依計而行。

劉邦平定英布之後，回到豐沛故里，上演了一幕「高祖還鄉」的喜劇，才悠然自得地返駕長安。一路上，關中百姓攔道告御狀，紛紛控訴蕭何強行壓價和強佔他們的土地。劉邦樂滋滋地回到宮中，蕭何去拜謁。

劉邦喜上眉梢，說：「如今相國是這樣替我鎮撫關中百姓？」說著，把百姓的狀紙遞出，「你自己去向百姓交代吧！」

蕭何叩頭請罪，回到相府，立即召來百姓，願賣的就補足餘錢，不願賣的，如數退還土地。關中百姓高呼萬歲，盛讚皇帝英明。劉邦聽說此事，欣喜欲狂。

蕭何本來不願意如此行事，但是爲了消除劉邦的疑心，不得不自斟自飲喝杯苦酒，毀壞自己的名聲。

劉邦是不是真的懷疑蕭何有反心，這是分析出來的，可能懷疑，也可能沒有。但是從緊接著發生的一件事可以看出，他確實嫉恨蕭何籠絡民心。

天下平定之後，蕭何看到皇家獵場中有許多空地，為了安撫百姓，保證國家安寧，給劉邦上了一道表章說：「長安地區人多地少，林苑中有許多空地，實在可惜。叩請皇上開恩，准許百姓入苑耕種，一可多收糧食，養活百姓，二可收穫禾桿，供作軍隊馬匹的草料。」

劉邦看完，勃然大怒，「相國受人收買，要來耕種我的獵苑，罪不可赦！」隨即「下相國廷尉，械繫之」。用今天的話說，就是下令將蕭何依法逮捕，送交法庭審判。

蕭何被捕，關在牢中尚且「械繫」，朝野震動，喊冤之聲不絕。

一個姓王的衛尉，趁在劉邦身邊值勤的時候，大著膽子問道：「相國到底犯了什麼大罪？如此年老之人關在獄中，還枷鎖不離身？」

劉邦說：「我聽說李斯為秦始皇丞相，有善事歸於皇上，有錯處歸在自己頭上。如今蕭何身為相國，私受百姓賄賂，上書要耕種我的獵苑，企圖因此取媚我的百姓，所以我依法將他治罪。」

王衛尉說：「相國為民請命，請求開放獵苑，讓百姓耕種，這正是丞相分內之事。

皇上怎麼懷疑相國受人賄賂呢？皇上與項羽苦戰多年，近年征討陳豨、英布，相國長期鎮守關中，只要他一動手腳，關中之地就不是皇上的了。相國不貪圖天下，擁有四海，登位稱王，還貪圖百姓的針尖餘鐵，天下怎麼會有這樣的事？秦始皇帝文過飾非，因此很快亡國，這難道不是李斯的過錯？有什麼值得效法？皇上怎麼可以這樣小看丞相？丞相忠心，天下盡知！」

劉邦聽了，自覺有愧，便下詔將蕭何從獄中放出來。

蕭何年老，又被械繫多日，身心備受傷害，但是身爲臣下，既然開解出來，少不得要入朝謝恩。

劉邦見到他，怏怏地說：「相國去休息吧！相國爲民請求耕種獵苑，我不答應，我不過是桀、紂那樣的暴君，而相國你才是賢相。我之所以械繫相國，就是想讓天下百姓知道我的過錯。」

明明赦免了人家，還要挖苦人一頓，讓對方膽顫心驚，劉邦真是油滑到了極點，這也是帝王術！

明代崇禎皇帝也算一個有能有爲的皇帝，但因懷疑袁崇煥而中清軍反間計，將袁崇煥下獄。後來明明知道自己錯了，可爲了維護自己的權威，不願屈一臣而利天下，自毀長城，最後的結局是「自掛東南枝」。

和崇禎皇帝比起來，劉邦的確精明很多，至少他能善納諫言，不會明知道自己錯了，還把功臣殺掉。且時時都有浪漫之舉，曾經「乃出黃金四萬斤與陳平」，「不問出入」，可算得上是用人無疑。可得天下後，他終是不免患得患失，疑神疑鬼了。

不過，作爲狡狐，這正是狐性多疑的正常表現。

第34章

立儲的那些事兒

劉邦不斷地加封劉如意為代王、趙王，戚姬受寵日甚一日。

可是，她始終有一塊心病，就是太子的大位和呂后的兇殘。

為了兒子和自己，勢必要謀取太子之位。

誰說皇上就能為所欲為?天命不可違,國家安危不可違。劉邦再怎麼狡猾,最後仍有一件做不到的事。

這件事,與立儲有關。

劉邦名正言順娶進門的妻子是呂雉,當時他已經快三十歲,可以稱得上晚婚了。他當然不可能熬到如此年齡還是處男。史書記載,與呂雉結婚以前,他曾與一位姓曹的女人同居,生下一子,就是劉肥,後來被封為齊王。

劉邦的另一位妻子薄姬,生子劉恒。

韓王信死後,劉邦認為把代地和趙地強合一起封給劉如意,不便管理,又把代地分為一國,詔令下臣推薦人選。燕王盧綰和相國蕭何等三十三人上書推薦劉恒,聲稱劉恒賢智溫良。劉邦因此封他為代王,當時他只有八歲。

薄姬,是其父與原魏王宗室的女人魏媼私通而生的私生女。魏王豹為魏王,魏媼將薄姬獻上。魏豹被韓信消滅之後,劉邦見薄姬楚楚動人,收入後宮,發往「織室」,不久納入後宮。但是劉邦妻妾成群,美女如雲,應接不暇,很快便把薄姬給忘了,就這樣過了一年多。

一天,他見姬妾管夫人與趙子兒相視而笑,默默不語,感到奇怪,便問發生什麼事。兩人稟告說,她們與薄姬相好,曾經對天發誓,「苟富貴,無相忘」。劉邦這才想起這個不幸的女人,立即召見,再三撫慰。

見。」

薄姬告訴他：「昨晚我做了一個夢，夢見有條龍盤在我的胸上，今日竟喜得大王召

劉邦大喜說：「這是顯貴之兆！」

薄姬因此得與劉邦一夜纏綿，生下劉恒。

薄姬與劉邦基本上只是一夜夫妻，後來跟著八歲的兒子去了代國。劉恒日後成爲皇帝，號漢孝文皇帝，即人們習慣上稱的漢文帝。

劉邦的另一位妻子趙姬，生子劉長。平定英布之後，封其爲淮南王。

趙姬，是劉邦妻妾之中最爲不幸的。

漢八年，劉邦率師平定韓王信殘部，路過趙都邯鄲，趙王張敖獻趙姬侍寢。趙姬因此懷孕，張敖不敢納入趙宮，專門給她造一棟別宮，讓她住進去。

貫高等人刺殺劉邦之事暴露，趙姬也一起被捕。她向獄吏哭訴，說身上有劉邦骨肉。獄吏稟告，劉邦正在氣頭上，未予理會。趙姬之弟又打通辟陽侯審食其的關節，報告了呂后。然呂后天生善妒，也不肯報告劉邦。

趙姬在獄中產下一子，氣憤不過，自殺而死。獄吏抱著孩子去見劉邦，劉邦頓生悔意，令呂后撫養，取名劉長。

劉邦的妻妾很多，但是有名有姓、史書詳加記載的，只有呂雉一人，其餘只知其姓或名的，有曹氏、戚姬、薄姬、趙姬、管夫人、趙子兒等七人。

爲定親之禮。

當天晚上，劉邦就跟戚姬同床共枕，一夜恩愛歡悅。

次日，劉邦直到日上三竿才起床，他要去找他的部下，不得不與戚姬依依惜別。

漢五年（公元前二〇二年）四月，劉邦稱帝，雖然妻妾成群，但始終難忘戚姬切膚之情，忙差人將戚姬父母接入櫟陽。

戚姬這次前來，還帶著一個孩子，取名劉如意，雖然只有幾歲，但相當聰明伶俐，很得劉邦喜愛。戚姬年輕美貌，能歌善舞，能說會道，知書識禮，一下子改變了劉邦的口味，走到哪裡就帶到哪裡，真是形影不離。只要四下無人，劉邦必會把她擁在懷裡，親近疼寵無比。

《史記》曾有這樣的記載：周昌在一次宴會時入宮奏事，看見劉邦正擁著戚姬調笑，立即繞道想躲避。不想劉邦從後面追趕上來，騎到他的肩上，問道：「我是什麼樣的皇帝？」

周昌仰面說：「皇上是夏桀、商紂一樣的皇帝！」

劉邦大笑，周昌內心卻十分害怕。

將戚姬母子接進宮後，劉邦不斷地加封劉如意爲代王、趙王，戚姬受寵日甚一日。

可是，她始終有一塊心病，就是太子的大位和呂后的兇殘。

想要讓自己的兒子當太子、當皇帝，大概是每一個妃子的心願，也只有這樣，才能保住自己的榮華，保住自己的生命。戚姬得到劉邦的寵幸，為了兒子和自己，勢必要謀取太子之位。

呂后自知憑女人的優勢，哪一點都不是戚姬的對手，只能憑藉她的皇后地位、她的陰謀陽謀，拚死保住太子的大位。她此時選擇的策略，是以退為進，忍氣吞聲。

劉邦欲立劉如意為太子，除了寵幸戚姬之外，更重要是為了漢家天下著想。他常說：「太子個性仁弱，不太像我，如意比較像我。」

他是有眼力的，歷史證明，漢惠帝的確軟弱無能，即位不久，大權便旁落呂后手中，在位七年，毫無建樹，最終鬱悶而死。

劉邦要廢長立幼，關鍵就在這裡。

劉如意被封為趙王後，戚姬有些等不及了，旁敲側擊，試圖影響劉邦。劉邦也覺得此事宜早不宜遲，於是把事情由後宮推到了朝廷之上。

司馬光的《通治通鑑》記載：

上欲廢太子而立趙王！大臣爭之，皆莫能得。御使大夫周昌廷爭之強，上問其說。昌為人吃（口吃），又盛怒，曰：「臣口不能言，然臣期期如其不可！陛下欲廢太子，臣期期不奉旨！」

上欣然而笑。呂后側耳東廂聽，即罷，見昌，為跪謝，曰：「微（無）君，太子幾（幾乎）廢。」

會牽動全局。皇上雖然病體初癒，也只能御駕親征，這樣眾將才肯用力，英布也不難平定。』如此才可能保住太子，否則情況實在不妙。」

呂釋之連忙告知呂后。

呂后纏住劉邦，哭哭啼啼，說來說去。劉邦聽得心煩，但也覺得有理，說：「我知道這不肖子幹不了大事，我親自領兵還不行嗎？」

啓程之日，全體大臣都去送行，張良平時深居簡出，也感到形勢嚴峻，一起前去送行，並囑咐劉邦，楚人兇悍，不要與他們硬打硬拚，一定要小心謹慎。

劉邦說：「先生安心養病，我定會記住你的話。」

張良說：「太子留守京師，應命爲將軍，統帥關中人馬，方可服眾心。」

劉邦又請張良爲太子少傅，將上郡、北地、隴西車騎、巴蜀步卒、中尉兵三萬人，全部劃歸太子總領，然後才與他告別而去。

張良此舉助了呂后一臂之力，當然，對於劉邦安心征討英布，也有重要作用。

西元前一九五年，劉邦平定了英布的叛亂回師，途經故鄉沛縣，邀請父老鄉親宴飲。酒過三巡，自作歌詞，後人稱爲《大風歌》，歌詞曰：

大風起兮雲飛揚，

威加海內兮歸故鄉，

安得猛士兮守四方。

席間，並賜武老婦、王老婦黃金千兩，也就是讓劉邦當年白吃的兩個婦人，同時免去沛地、豐地賦役。沛中父老念感劉邦的恩典，便在他的行宮前修建一座高台，名叫風歌台。

清代袁子才曾作詩：

高台擊築記英雄，馬上歸來句亦工。一代君民酣飲後，千年魂魄故鄉中。

青天弓劍無留影，落日河山有大風。百二十人飄散盡，滿村收留是歌童。

這是劉邦當皇帝後第一次還鄉，也是最後一次，可算衣錦還鄉，風光一回。

劉邦從故鄉回來，已是漢十二年（公元前一九五年）十一月，由於征途勞累，箭傷復發，急回長安，住進長樂宮，每日都是戚姬陪伴。

劉邦深感戚姬一片衷情，想到自己一旦死去，定難保證母子性命，暗下決心，來日定要廢長立幼。

次日，他召集重臣進宮，再次提出廢黜太子之事。

張良現爲太子少傅，不好坐視不管，只得進諫，說了許多大道理、小道理。劉邦微閉雙目，似睡非睡，全不理睬。張良自知無可奈何，並且也認爲此舉其實對漢朝有利，託病率先退去。

眾人見張良尚且無法進言，都閉上嘴，免遭無趣。劉邦看見眾人沉默不語，心中暗自歡喜，說：「既然大家沒有意見，就這樣定了吧！」

這時，太子太傅叔孫通跳了出來，發表了一番宏論。《史記．叔孫通傳》載：

叔孫通諫上曰：「昔者晉獻公以驪姬之故廢太子，立奚齊，晉國亂者數十年，為天下笑。秦以不早定扶蘇，令趙高得以詐立胡亥，自使滅祀，此陛下所親見。今太子仁孝，天下皆聞之；呂后與陛下攻苦食啖，其（豈）可背哉？陛下必欲廢適（嫡）而立少，臣願先伏誅，以頸血污地。」

高帝曰：「公罷矣，吾直（只）戲耳。」

叔孫通曰：「太子天下本，本一搖，天下振動，奈何以天下為戲？」

高帝曰：「吾聽公言。」

這一場勸諫，比周昌那一場更是不同。叔孫通想來一定拔劍在手，準備自刎，所以劉邦不得不說「公罷矣，吾直戲耳」。當然，劉邦不是怕叔孫通自殺，而是怕強行廢長立幼，引起大臣不滿，天下再度陷入混亂。當皇帝，並不是百分之百的隨心所欲。

第三次廢太子之舉，就這樣化為泡影。可欲廢太子之心並未死去，正如《史記》所言：「上佯許之，猶欲易之。」

過了幾天，劉邦箭傷漸好，置酒宮中，命太子劉盈侍宴，慶祝平定英布。

劉盈帶四皓出席。

《史記．留侯世家》載：

四人從太子，年皆八十有餘，鬚眉皓白，衣冠甚偉。

上怪之，問曰：「彼何為者？」

四人前對，各言名姓，曰東園公，角里先生，綺里季，夏黃公。

上乃大驚，曰：「吾求公數歲，公辟（避）逃我，今公何自從吾兒游乎？」

四人皆曰：「陛下輕士善罵，臣等義不受辱，故恐而亡匿。竊聞太子仁孝，恭敬愛士，天下莫不延頸欲為太子死者，故臣等來耳。」

上曰：「煩公幸卒調護太子。」

四人為壽已畢，趨去。

上目送之，召戚夫人指示四人曰：「我欲易之，彼四人輔之，羽翼已成，難動矣。呂后真而（妳）主矣。」

戚夫人泣。

上曰：「為我楚舞，吾為若（妳）楚歌。」

歌曰：「鴻鵠高飛，一舉千里。羽翮已就，橫絕四海。橫絕四海，當可奈何……」

歌數闋，戚夫人噓唏流涕，上起去，罷酒。

竟不易太子者，留侯本招此四人之力也。

戚姬本欲借助劉邦的寵幸，取太子之位，保自己的命，可惜轉瞬之間，全成泡影，如何不傷心流涕？她已經成了一隻孤雁，只等著劉邦死後任人宰割了。

第35章

狡狐的最後歲月

劉邦靠詭計迭出和擅用人才兩手奪取天下，建立漢朝，可即便是一國之君，為了顧全大局，也不得不在臨死之前吞下一杯苦酒，眼看寵姬、愛子成為俎上肉、口中餅。

他說：「我病已深沉，恐很難好。眾卿隨我百戰沙場，才有今日江山，大家定要竭力輔助太子，不要叫劉氏江山落入他人之手。」

眾人見他形容枯槁，面如死灰，不覺傷情，齊聲應諾：「定當竭力輔佐太子，安定劉氏天下！」

他又說：「從今以後，非劉不王，非功不侯。違者，天下共誅討之！」

眾臣退去後，劉邦再下令：「陳平完成使命後，不必覆命，速往滎陽協助灌嬰扼守關中要塞。」

接著，又下詔叫太子進宮，當面囑咐說：「我已經老了，大漢江山早晚歸你。你仁義厚道，一定可以安定天下。趙王母子的性命，我就託付給你了。父親所愛之人，兒子應該敬重，這樣才是孝順，切切牢記！」

劉盈叩頭道：「君父天恩，兄弟手足，兒臣絕對不背叛。父皇善保龍體，不用掛念他事。」

劉邦自覺對自己打下的江山和愛姬、寵子有所交代，病勢更甚。

呂后見狀，淚流滿面，來到他身旁，俯首問計：「皇上百歲之後，蕭相國若死，要叫誰代替他？」

劉邦說：「曹參可以。」

呂后說：「曹參之後呢？」

「王陵可以。王陵爲人憨直，可以找陳平當他的助手。只是陳平智慧有餘，膽識不足，不能單獨擔此重任。周勃厚重，文才不足，不過，最終安定劉氏天下的，必是此人，可任爲太尉。」

呂后還要問下去。劉邦說：「別再問了，讓我好好死行不行啊?·此後的事，不是妳能知道的了！」

公元前一九五年夏初，陰曆四月甲辰（二十五日），一代開國君王劉邦與世長辭。

劉邦出身平民，靠詭計迭出和擅用人才兩手奪取天下，建立漢朝，可即便是一國之君，爲了顧全大局，也不得不在臨死之前吞下一杯苦酒，眼看寵姬、愛子成爲俎上肉、口中餅。

他，作爲一個南征北討的開國皇帝，不是不能做到他想做的事，但他追求的是國家的安寧，政權的穩定。如果說劉邦爲達目的，採用了各種非常手段，那麼最終不易太子，正是非常手段的一種突出表現。

可惜，狡狐劉邦一生謀人，成就大事，仍不可能盡善盡美。是人，就會有失誤，他自不例外。不易太子，最終造成了呂氏專擅之禍。

唐文立 著
最神奇的聖人
王陽明
最過癮的王陽明正史
講述史上最牛的心學大師
THE GREAT SAINT WANG YANG MING
【壹】讀心之卷
王陽明是明朝第一牛人，
也是中國歷史上最神奇、最沒有爭議的聖人，
一生可以用兩個字來概括，那就是——神奇！
歷史上允文允武的人很多，但像王陽明這樣
文韜、武略、兵法、哲學無一不通，
無一不精的全能型天才，幾乎沒有。
他如何從叛逆少年成為一代心學宗師？
在險惡的官場上，如何屢屢化險為夷？
又如何神奇用兵，只花十四天就平定寧王叛亂？
為什麼曾國藩、左宗棠、林則徐、康有為、梁啟超、
孫文、蔣介石，乃至日本的伊藤博文、西鄉隆盛、
福澤諭吉、東鄉平八郎、稻盛和夫……等
中外牛人都把他當成精神導師？
群星會 176
最神奇的聖人王陽明
【壹】讀心之卷
唐文立 著
普天
群星會 176
最神奇的聖人王陽明
【貳】烙心之卷
唐文立 著
普天
群星會 176
最神奇的聖人王陽明
【參】誅心之卷
唐文立 著
普天
群星會 176
最神奇的聖人王陽明
【肆】御心之卷
唐文立 著
普天

《厚黑之王司馬懿》全新修訂 典藏版

天才權謀家司馬懿的人生大謀略！

司馬懿吃三國

The Great Chinese Strategist

卷八

精采完結

皇圖霸業

三國名人無數，諸葛亮號稱智謀界第一把交椅，
運籌帷幄、唬人坑人樣樣都行，但司馬懿就是讓他搞不定；
曹操挾天子以令諸侯，行事狠辣多疑，是臉厚心黑的代表人物，
但他卻屢次被司馬懿耍得團團轉。
司馬懿有不下於諸葛亮的智商謀劃，有不弱於曹操的厚黑雄心，
既會裝病裝窩囊，又會裝弱裝傻，暗中默默開拓司馬家勢力，
最後竊奪三國成果！

**且看新銳作家李浩白如何以全新角度出發，
深刻敘述厚黑之王司馬懿的人生大謀略！**

李浩白 著

史記裡的那些怪咖
一個混亂失序的時代，
一群令人目瞪口呆的怪咖！
春秋戰國篇
齊
楚
趙
燕
韓
魏
秦
春秋戰國時期，世道亂糟糟，春秋五霸、
戰國七雄忙著打打殺殺，彼此殺紅了眼，也殺出一篇篇名人傳奇。
亂世中，不甘平凡的能人、怪人、奇人使出渾身解數，欺人的、打仗的、動嘴的、搞陰謀的……
紛紛冒出頭，試圖以獨特的方式在亂世中闖出一片天！
這些亂世高手想盡一切辦法犧牲別人成就自己，種種不合情理的怪誕行徑，
趙家三郎 著

最詼諧、最麻辣、最雷人的
大清朝另類歷史！
清朝
可以很爆笑
HISTORY OF
THE QING DYNASTY
鑾行天下．盛清烽火
卷參
精采完結
霧滿攔江——著
《別笑，這是大清正史》
全新精修合訂版

異域密碼
秘妖豔的
國獵奇之旅
銷驚悚冒險作家 羊行屮 精采力作
銷作家 天下霸唱 / 蜘蛛 連袂推薦！
泰國
異聞錄
人皮風箏、養屍之河、雙頭蛇神、鬼妻娜娜、古曼鬼嬰、紅瞳狼人、巫蠱邪術、詭聞怪談……
正在泰國發生的驚悚故事，
即將震撼你的視聽！

異域密碼
神秘妖艷的
日本獵奇之旅
日本
異聞錄
THAILAND
IBUNROKU
之1
人頭燈籠
羊行中—著
每個歷史悠久的國度，
都流傳著神秘詭異的奇聞異事，正在日本發生的靈異故事，即將震撼你的視聽！
從泰國歷劫歸來，南瓜和月餅的驚魂之旅並沒有結束，前往日本的旅途中，他們遭遇了更加離奇詭異的事件。
豪華遊輪上停放的黑色空棺，午夜徘徊於十字路口的燈籠小僧，深山老林中吞人性命的煙鬼婆婆，
富士山下神出鬼沒的妖狐山姥，人形師、裂口女、白骨溫泉、妖貓、河童……
諸多驚悚奇詭、淒美哀怨的故事，都在《日本異聞錄》。

群星會
207

像劉邦一樣活著全集

作　　者　海東青
社　　長　陳維都
美術總監　黃聖文
編輯總監　王郡凌
出 版 者　普天出版社
新北市汐止區忠二街 6 巷 15 號
TEL / (02) 26435033 (代表號)
FAX / (02) 26486465
E-mail：asia.books@msa.hinet.net
http://www.popu.com.tw/
郵政劃撥 19091443 陳維都帳戶
總 經 銷　旭昇圖書有限公司
新北市中和區中山路二段 352 號 2F
TEL / (02) 22451480 (代表號)
FAX / (02) 22451479
E-mail：s1686688@ms31.hinet.net
法律顧問　西華律師事務所・黃憲男律師
電腦排版　巨新電腦排版有限公司
印製裝訂　久裕印刷事業有限公司
出 版 日　2023 年 7 月第 2 版第 1 刷
ISBN◉978-986-389-874-0　條碼 9789863898740

國家圖書館出版品預行編目資料

像劉邦一樣活著全集

海東青著. —第 2 版. —：新北市, 普天

2023.07 面； 公分. - (群星會；207)

ISBN◉978-986-389-874-0 (平裝)

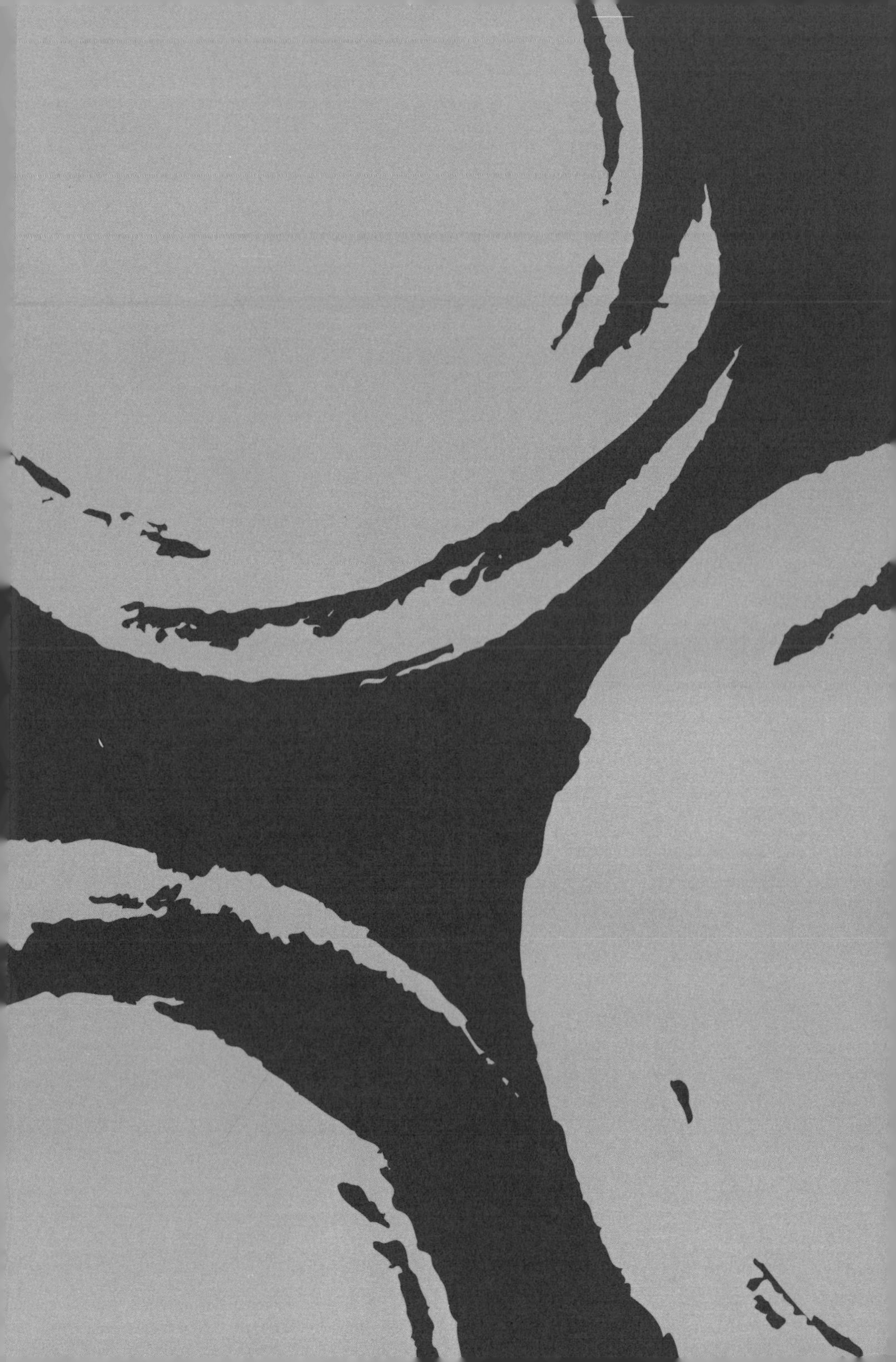